广东省教育科学规划课题（高等教育专项）《文化自信视域下岭南文化融入外语专业课程思政路径研究》（项目编号2023GXJK641）

外语教学与岭南文化的融合：
理论与实践

蒋婷婷　著

中国纺织出版社有限公司

内 容 提 要

本书聚焦于外语教学与岭南文化的深度融合，全面剖析了当前外语教学中文化融合的必要性与可行性。从理论层面阐述了岭南文化的独特魅力与外语教学的内在联系，明确了融合岭南文化于外语教学的目标与价值。另外，本书还特别关注外语教学的实用性与文化性，强调将岭南文化的精髓融入外语教学中，可以提升学生的学习兴趣与文化素养。本书内容丰富、结构紧凑，既适合外语教师作为教学参考书，也适合文化研究者和教育工作者作为研究资料，对于推动外语教学与岭南文化的融合具有重要的指导意义。

图书在版编目（CIP）数据

外语教学与岭南文化的融合：理论与实践：汉文、英文、日文、朝鲜文 / 蒋婷婷著. -- 北京：中国纺织出版社有限公司, 2025.3. -- ISBN 978-7-5229-2489-2

Ⅰ.H09；G127.65

中国国家版本馆CIP数据核字第20253FM029号

责任编辑：郭 婷 周 航　责任校对：高 涵　责任印制：储志伟

中国纺织出版社有限公司出版发行
地址：北京市朝阳区百子湾东里A407号楼　邮政编码：100124
销售电话：010—67004422　传真：010—87155801
http://www.c-textilep.com
中国纺织出版社天猫旗舰店
官方微博 http://weibo.com/2119887771
河北延风印务有限公司印刷　各地新华书店经销
2025年3月第1版第1次印刷
开本：710×1000　1/16　印张：7.25
字数：122千字　定价：88.00元

凡购本书，如有缺页、倒页、脱页，由本社图书营销中心调换

前 言

  外语教学与岭南文化的融合是当今广东地区教育领域中备受关注的议题之一，这种融合旨在通过在外语教学中融入岭南文化元素，从而丰富教学内容，提高教学效果，同时能够增进学生对岭南文化的了解和认知。岭南文化指的是中国南部，特别是广东、广西、福建和海南等地区所特有的文化，包括语言、习俗、艺术、饮食、建筑、历史等方面，它既是中国传统文化的重要组成部分，又因其地理位置和历史背景的独特性，形成了鲜明的地方特色。例如，在语言上充分体现了岭南文化的多样性，岭南地区有粤语、客家话、潮汕话等多种方言。此外，岭南文化在饮食、建筑、民间艺术等方面也展现出独特的风格。将这些文化元素融入外语教学中，不仅能让学生体验到丰富多彩的文化背景，还能使学生更好地理解不同文化之间的差异和联系；这不仅有助于学生的全面发展，也有助于传承和弘扬岭南文化，使其在全球化的时代焕发出新的光彩。

  本书聚焦于外语教学与岭南文化的深度融合，全面剖析当前外语教学中文化融合的必要性与可行性。在理论层面，着重审视外语教学的理论依据、影响因素、方法和模式，同时对外语教学中的文化教学、母语迁移和文化因素、岭南文化的研究范畴等内容进行探讨，为外语教学与文化融合提供理论支持。在实践层面，特别关注外语教学的实用性与文化性，从日语、韩语和英语教学的角度出发，展示岭南文化在外语教学中的实际应用，为教师提供切实可行的教学案例。

  本书内容丰富、结构紧凑，既适合外语教师作为教学参考书来使用，也适合文化研究者和教育工作者将其作为研究资料来使用，这对于推动外语教学与岭南文化的融合具有重要的指导意义。本书在行文中注重逻辑结构的清晰性和内容的系统性，以确保读者能够从中获得有益的启示和指导。期望本书的出版可以为语言教育事业提供新思路和新方法。

作者

2024 年 5 月

目 录

第一章 外语教学核心理论审视 ·· 1
   第一节 外语教学的理论依据 ·· 1
   第二节 外语教学的影响因素 ·· 16
   第三节 外语教学的方法、模式 ·· 19
   第四节 外语专业教学的现状与挑战 ·· 32

第二章 外语教学中的文化教育 ·· 37
   第一节 外语教学中的文化教学 ·· 37
   第二节 外语教学中的母语迁移 ·· 47
   第三节 外语教学中的文化因素 ·· 52

第三章 岭南文化及其与外语教学的融合 ··· 59
   第一节 岭南文化及其研究范畴的具体解读 ·································· 59
   第二节 岭南文化在外语教学中的资源开发 ·································· 74
   第三节 岭南文化在外语教学中的价值功能 ·································· 78
   第四节 岭南文化融入外语教学的具体策略 ·································· 80
   第五节 岭南文化融入外语教学的未来展望 ·································· 83

第四章 岭南文化在外语教学中的应用实践 ······································· 85
   第一节 岭南文化在日语教学中的应用实践 ·································· 85
   第二节 岭南文化在韩语教学中的应用实践 ·································· 90
   第三节 岭南文化在英语教学中的应用实践 ·································· 96

结束语 ·· 107

参考文献 ·· 109

第一章 外语教学核心理论审视

外语教学是现代教育体系中的重要组成部分，随着全球化进程的加速，语言教育学习与跨文化交流的重要性日益凸显。本章旨在对外语教学的核心理论进行全面审视，为读者讲解外语教学的理论基础和前沿发展。首先，探讨外语教学的理论依据，以明确其学术根源和发展脉络；其次，分析外语教学的影响因素，包括学生、教师和教学环境等方面；再次，研究外语教学的方法模式，展示当前外语教学的多样化手段；最后，阐释外语专业教学的现状与挑战，为进一步创新和改进外语教学提供参考。

第一节 外语教学的理论依据

一、外语教学的过程理论

外语教学的过程理论，旨在系统地探讨外语学习的过程，并提出了统一、和谐、平衡和循环的核心概念，这些理论不仅适用于不同语言的教学，还可以应用到各种外语学习环境中，包括学校课堂、语言培训机构以及个人自学过程中。通过深入理解和运用这些理论，教师可以更有效地设计教学活动，促进学生的外语学习。

（一）外语教学过程的统一性

外语教学过程的统一性强调在教学实施过程中，应充分关注教学的整体性和连贯性，以确保各个学习环节能够相互衔接、相互促进，从而共同构成一个系统、完整的学习体系。

第一，外语教学目标的统一。一个明确、统一的教学目标能够指导整个教学过程，确保教学内容、方法和手段都围绕这一目标展开，这不仅有助于教师在课前做好充分准备，还能够使学生在学习过程中保持清晰的方向感，从而更好地掌握外语知识。

第二，外语教学内容组织的统一。外语教学涉及语音、词汇、语法、文化等多个方面，这些内容在教学过程中需要相互融合、相互渗透。通过统一性的教学安排，教师可以根据学生的学习特点和需求，将这些内容有机地结合起来，形成一个层次分明、逻辑严密的知识体系。

第三，外语教学方法选择的统一。不同的教学方法适用于不同的教学内容和学习目标。然而，在教学过程中，如果随意更换教学方法，很容易导致学生学习思路的混乱。因此，教师在选择教学方法时，应贯彻教学的统一性原则，确保所选方法能够与整体教学目标和教学内容相契合。

总而言之，通过统一性的教学安排，可以帮助学生建立起对外语知识的整体认知，避免碎片化的学习，提高学习效率。同时，这也对教师的教学能力提出了更高的要求，需要教师在教学实践中不断探索和完善统一性的教学策略和方法。

(二) 外语教学过程的和谐性

在外语教学过程中，和谐表现为教师与学生之间的积极互动，以及学习者知识、技能和情感等要素的协调平衡。这种和谐性对于提高教学质量和优化学习体验具有重要意义。

第一，教师和学生之间的和谐。在这种关系中，教师不再是单纯的知识传授者，而是成为学生学习过程中的引导者、支持者和合作伙伴。他们积极倾听学生的声音，理解学生的需求，尊重学生的差异，从而能够更好地调整教学策略，提供个性化的教学指导。同时，学生也在这种和谐的师生关系中感受到尊重和重视，他们的学习积极性和主动性得到激发，更加愿意参与到学习活动中来。

第二，学生内部各要素之间的和谐。在外语学习的过程中，学生需要掌握语言知识、发展语言技能、培养跨文化交际能力等多个方面的能力，这些能力的发展并不是孤立的，而是需要相互协调、相互促进的。和谐性强调学生在学习过程中要注重各方面能力的均衡发展，避免出现偏科或短板现象。同时，学生还需要学会调整自己的学习状态，保持积极的学习态度，以应对学习过程中的挑战和困难。在和谐的学习氛围中，学生能够更加轻松地掌握知识，他们的思维会变得更加活跃，创造力能够得到更好地发挥。他们不仅积极参与到各种学习活动中，如课堂讨论、角色扮演、合作学习等，还乐于与他人分享自己的想法和经验，从而形成一个积极向上、互帮互助的学习共同体。这种学习氛围不仅有利于学生的个人成长和发展，还有助于培养他们的团队合作精神和社会责任感。

教师在外语教学的过程中应注重和谐性的培养，他们应该积极与学生建立良好的师生关系，关注学生的学习需求和困难，并及时给予指导和帮助。同时，教师还应该通过设计丰富多样的教学活动和营造宽松愉悦的学习氛围来促进学生的全面发展和和谐发展。只有这样，才能真正实现外语教学的目标，培养出具有跨文化交际能力、终身学习能力和创新精神的高素质人才。

(三) 外语教学过程的平衡性

外语教学过程的平衡性指的是在教学设计中要考虑到各个方面的要素，包括语言技能的发展、语言知识的积累以及学习策略的培养等。在教学过程中，必须注重听、说、读、写各项技能的均衡发展，同时还要重视对语言的应用能力和实际交际能力的培养。

第一，要实现外语教学过程的平衡，需要注重各项语言技能的统筹发展。听、说、读、写是语言学习的四项基本技能，它们相辅相成、相互促进。因此，在教学设计中应该合理安排各项技能的训练内容，确保学生在这四个方面都能够得到充分的发展。例如，可以通过听力练习来提高学生的听力理解能力，通过口语练习来提高学生的口语表达能力，通过阅读材料来提高学生的阅读理解能力，通过写作练习来提高学生的写作水平。

第二，注重语言应用能力和实际交际能力培养的平衡。语言是用来交流的工具，只有在实际运用中才能够发挥其真正的作用。因此，在教学过程中，除了注重语言知识的传授和技能的训练，还应该重视学生的实际语言运用能力。例如，可以通过角色扮演、情境对话等方式来模拟真实的交际场景，让学生在实践中学会运用所学语言进行交流。

第三，为了确保外语教学过程的平衡，教师在设计和实施教学时应关注个性化教学和因材施教。不同学生在语言学习中表现出多样化的能力，有些学生在听力方面表现突出，而有些学生则在口语、阅读或写作方面有优势。因此，教师应根据学生的实际情况和学习需求，灵活调整教学内容和方法，为每个学生提供适合其特点的学习支持和指导。

总而言之，只有通过平衡性的教学设计，才能够帮助学生全面提高外语水平，使他们能够在实际生活中熟练运用所学语言。因此，教师在教学实践中应该不断探索和总结经验，不断优化教学设计，为学生提供更加有效的外语学习支持和指导。

（四）外语教学过程的循环性

外语教学过程的循环性是指在教学过程中对知识进行持续复习、强化和拓展。学生在外语学习中需要通过反复练习和巩固，确保对所学知识的稳固掌握，并逐步提高语言能力。因此，外语教学应强调通过温故知新的策略，引导学生巩固已学知识，同时帮助他们不断拓展语言知识和技能。

第一，循环体现在对已学知识的反复回顾上，这意味着教师需要经常回顾之前的课程内容，巩固学生已经掌握的知识。通过反复地复习，学生可以巩固记忆，加深理解，从而提高语言运用能力。例如，教师可以设计各种复习活动，如课堂回顾、小组讨论、复习游戏等，帮助学生回顾和巩固所学内容。

第二，循环体现在对知识的强化上，这意味着在教学过程中，教师需要通过不同形式的练习和任务，加深学生对知识的理解和掌握程度。通过多样化的练习形式，如口语对话、书面作业、听力练习等，学生可以更全面地掌握所学知识，并提高语言表达能力。教师可以根据学生的实际情况和学习需求，设计具有挑战性和实用性的强化练习，促使学生不断提升自己的语言水平。

第三，循环还体现在对知识的扩展上。除了巩固已学知识，教师还应该引导学生不断拓展自己的语言知识和技能，这可以通过引导学生学习新的词汇、语法结构，了解不同的语言用法和文化背景等方式实现。通过不断扩展语言知识的广度和深度，学生可以提高自己的语言能力，并更好地应对各种语言交际情境。

总而言之，外语教学中的循环性原则是确保学生全面提高语言能力的重要保证。通过不断的回顾、强化和扩展，使学生可以逐步巩固所学知识，提高语言表达能力，从而更好地应对语言交际的挑战。因此，在外语教学中，教师应该重视并贯彻循环性原则，并通过巧妙的教学设计和有效的教学方法，促进学生的全面发展。

二、外语教学的模式理论

（一）外语教学模式理论的特性

外语教学模式理论是指在外语教学过程中，基于一定的教育理念和教学目标，采用特定的教学方法、手段和组织形式，以实现教学效果最优化的理论体系，其特性主要体现在以下三方面：

第一，外语教学模式理论的多样性。外语教学模式理论的多样性体现在不同的教学目标、对象和环境所催生的多种教学模式。这些模式主要有：①任务型教学。其通过任务导向的学习，提高学生的语言应用能力；②交际教学。其强调发展学生的交际能力，通过模拟真实场景进行语言实践；③情境教学。其通过生动的语言情境激发学生的学习兴趣和主动性。这些各具特色的教学模式适用于不同的教学场景和需求，为外语教学的多样化发展提供了坚实的基础。

第二，外语教学模式理论的动态性。随着教育理念的不断更新和教育技术的快速发展，外语教学模式也在不断地演变和创新。传统的教学模式如语法翻译法等，逐渐让位于更加注重学生主体地位的新型教学模式。近年来，混合式教学、翻转课堂等新型教学模式的兴起，更是为外语教学注入了新的活力，这些新型教学模式不仅充分利用了现代信息技术的优势，还更加注重学生的个体差异和自主学习能力的培养，为外语教学的创新发展提供了新的思路和方法。

第三，外语教学模式理论的实践性。教学模式理论并非是空中楼阁，而是来源于教学实践并服务于教学实践。只有通过实际应用的检验，才能验证其有效性和可行性。因此，外语教学模式理论的研究必须紧密结合教学实践，并不断总结经验教训，优化完善教学模式，这也要求广大外语教育工作者不仅要具备扎实的理论基础,还要具备丰富的实践经验,能够在实践中不断探索和创新,推动外语教学模式理论的不断发展。

(二)外语教学模式理论的运用

外语教学模式理论的运用,作为检验教师教学效果和价值的关键环节,具有极其重要的意义。在外语教学实践中,教师不仅需要根据具体的教学目标来规划教学策略,还需要紧密结合学生的实际情况,审慎选择适合的教学模式,并灵活运用多种教学方法和手段,以期达到最佳的教学效果。

以任务型教学为例,这种教学模式强调学生的中心地位,以实际任务为导向,让学生在完成任务的过程中,自然而然地掌握语言知识和技能。在实际应用中,教师需要充分考虑学生的语言基础和兴趣特点,设计富有层次性、趣味性和挑战性的任务。可以通过角色扮演的方式,让学生在模拟的情境中运用语言;或者通过布置调查报告等任务,让学生在收集、整理和分析信息的过程中,提升语言的实际运用能力,这样的任务设计不仅能激发学生的学习兴趣,还能在完成任务的过程中,培养学生的团队协作精神和解决问题的能力。

除了任务型教学,交际法和情景教学等模式也在外语教学中得到了广泛的应用。交际法注重培养学生的语言交际能力和实际运用能力,通过模拟真实的交际场景,让学生在对话练习中掌握语言的运用技巧。而情景教学则通过构建具体的教学情境,让学生在情境中感知语言、理解语言和运用语言,从而提升语言的实际运用能力。

在应用外语教学模式理论的过程中,教师还需特别重视学生的自主学习能力。通过引导学生积极参与课堂讨论、合作学习等活动,不仅可以提升学生的团队协作精神和批判性思维能力,还可以让学生在互动中发现问题、解决问题,从而增强学生的自主学习能力。

(三)外语教学模式理论的发展

当今,在全球化进程不断加速和信息技术不断进步的背景下,外语教学模式理论面临着前所未有的挑战与机遇。展望新时代,我们有必要深入研究外语教学模式理论的发展方向,为未来外语教育提供重要的参考依据。

第一，多元化与个性化教学将成为外语教学模式的主流。随着教育理念的不断更新和学生需求的多样化，外语教学模式正逐渐从统一走向多元，从标准化走向个性化。未来的外语教学模式将更加注重学生的主体性和差异性，以学生的兴趣爱好、学习风格等个体差异为出发点，设计更加符合学生需求的教学方案，这不仅有助于激发学生的学习兴趣和积极性，还能更好地满足学生的个性化需求，提升教学效果。

第二，信息技术与外语教学的融合将更加紧密。信息技术的快速发展为外语教学带来了前所未有的变革。多媒体教学、网络教学、移动学习等新型教学手段层出不穷，为外语教学提供了更加丰富的资源和更加便捷的教学方式。未来的外语教学模式将充分利用这些技术手段，构建线上线下相结合的教学环境，打破时间和空间的限制，实现教学资源的共享和优化配置。同时，信息技术还将为外语教学提供更加精准的数据支持，帮助教师更好地了解学生的学习情况和学习需求，为教学决策提供科学依据。

第三，跨文化交际能力的培养将成为外语教学的重中之重。在全球化的背景下，不同文化之间的交流和互动日益频繁，跨文化交际能力已成为衡量一个人综合素质的重要标准。因此，未来的外语教学模式将更加注重培养学生的跨文化交际意识和能力。通过设计丰富的文化体验活动、开展跨文化交际实践等方式，帮助学生深入了解不同文化的内涵和特点，提高他们的文化敏感性和适应性。同时，教师还将注重培养学生的国际视野和全球意识，使他们能够在全球化的社会环境中更好地发挥自己的作用。

三、外语教学的测试理论

(一) 外语教学测试的类型划分

1.依据测试形式划分

依据测试的不同形式，外语教学测试的类型主要包括直接测试和间接测试。

（1）直接测试。直接测试是一种语言能力评估手段，主要用于直接测量个体在特定语言方面的能力水平，这种测试方法通常强调对被测者口语和书面语言技能的考查，以及对其在特定语境下的应用能力进行评估。在直接测试中，评估者会采用实时交流、口语演讲或书面作文等方式，直接观察和评估被测者的语言表达能力，从而获取更真实、更全面的语言能力信息。直接测试通常涉及多种形式，如面对面的口语交流、写作表达、听力理解和阅读理解等，旨在全面评估被测者在特定语言环境中的实际应用能力。直接测试方法在评估被测者的语言能力方面具有显著优势，该方法不仅能够帮助评估者全面了解被测者的语言掌握情况，还能够更精确地反映其在真实语言交际环境中的表达水平和应对能力。通过直接测试，可以获得更加客观、准确的语言能力评估结果，为被测者的语言学习和提升提供有力支持。

直接测试通常会结合特定的外语教学目标和评估标准，以确保测试的科学性和准确性。在测试过程中，评估者会根据语言的语法、词汇、语言应用和语言交际能力等方面进行评分和评估，从而对被测者的整体语言能力作出准确的判断。此外，直接测试还可以用于评估语言学习者的语言能力提升情况，帮助语言教育者和学习者了解学习过程中存在的问题，并及时调整教学策略，使学习者的语言和语言应用能力得到进一步提升。

（2）间接测试。间接测试是一种被广泛应用的外语能力评估手段，主要通过非直接的方式来测量被测者在语言方面的能力水平。间接测试方法通过对被测者的阅读理解、听力理解、语言知识掌握和语言运用能力等方面进行评估，以反映其在特定语言环境下的应对能力和语言理解能力。间接测试可以采用多种形式和工具，如标准化的考试、问卷调查、阅读材料理解和听力材料理解等，这些测试方法通常会根据特定的评估标准和语言能力要求来设计，以确保测试的科学性和准确性。经过间接的评测方式，评估者得以在一定程度上掌握被测者的语言熟练度及运用水平，从而为后续的教学完善与学习指导奠定坚实的基础。

间接测试的设计和评估过程需要严格遵循科学的评估原则和方法。评估者通常会根据被测者在阅读理解和听力理解方面的表现，以及对语言知识和语言应用能力的掌握程度进行评分和评估。间接评估方式能够更客观地反映被测者的语言能力水平，排除因直接交流而可能引起的情绪和主观因素的干扰。除在外语教学和外语学习评估中的应用外，间接测试还在语言研究和语言政策制定中发挥着重要作用。经过对间接测试结果的深入剖析与研究，专家学者得以更加精确地洞察语言习得与发展的内在规律，从而为语言教育

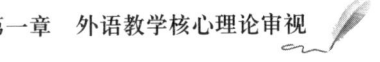

的创新与变革提供科学依据,并为语言政策的制定与实施提供有力支持。

2. 依据判卷形式划分

依据判卷的形式不同,外语教学测试的类型主要包括主观测试和客观测试。

(1) 主观测试。主观测试是一种评估个体语言能力的方法,评估者通过此方法主观地判断被测试者的语言水平和能力。与客观测试相比,主观测试更依赖评估者的主观判断和经验,往往需要较高水平的专业知识和经验才能有效地进行评估。主观测试通常在语言学习、语言教育和语言研究等领域中得到应用,能够深入了解被测试者的语言应用能力和语言理解水平。然而,由于其依赖于评估者的主观判断,主观测试在一定程度上存在着主客观不一致性和评估标准不统一的问题,因此需要在测试过程中采取一系列措施以提高评估的客观性和准确性。

在外语教学的主观评估环节中,评估人员往往会运用多元化的评估手段和方法,包括但不限于口语对话、书面表达、听力材料解析以及阅读材料理解等,以期对被测试者的语言水平进行全面、客观的评估。评估者在进行主观测试时需要考虑多个方面,包括语法准确性、词汇丰富性、语言表达清晰性、语言流畅度、语境适应能力以及语言应用规范性等。评估者需要根据这些方面进行综合考量,并结合自身的专业知识和经验,对被测试者的语言能力进行综合评估和判断。此外,评估者还需要考虑到被测试者的文化背景、语言环境和个人特点等因素,以确保评估过程的公正性和客观性。

为了确保主观评估的客观性和准确性,评估者在进行相关测试时,必须严格遵循一系列经过科学验证的评估原则和方法。首先,评估者需要确立明确的评估标准和评估要求,明确评估的重点和目的;其次,评估者应该接受专业的评估培训和指导,以提高其评估能力和专业水平,进行评估时应当注重评估过程的透明性和公正性,避免主观偏见和个人偏好对评估结果产生影响;最后,评估者还可以采用多位评估者共同评估的方法,以降低单一评估者主观判断的影响,从而提高评估结果的客观性和可靠性。

在外语教学测试的主观评估过程中,评估者还需要充分尊重被测试者的个性和特点,积极倾听被测试者的语言表达,了解其语言应用的背景和情境,以便更准确地评估其语言能力和水平。评估者需要保持开放的心态和积极的沟通态度，与被测试者建立良好的沟通关系，倾听其意见和建议，以促进评估过程的顺利进行和评估结果的准确性。此外，评估者需确保及时给予评估反馈与建设性意见，协助被测者识别并提升自身语言优势，同时指出其在语言运用上的不足之处，以促进其语言能力的全面发展与提升。

总而言之，外语教学测试的主观评估方法在一定程度上能够深入了解被测试者的语言能力和水平，为语言教育和语言研究提供重要的数据支持。评估者在进行主观评估时需要遵循科学的评估原则和方法，注重评估过程的公正性和客观性，与被测试者建立良好的沟通关系，提供及时的评估反馈和建议，促进被测试者语言能力的全面提升和发展。

（2）客观测试。客观测试的特点在于答案的标准化和固定性。这种类型的测试不需要阅卷人根据个人观点和水平进行评分，而是可以通过阅卷机快速完成评分工作。客观测试包括单项选择题、正误判断、配伍选择题以及单词拼写、动词填空、简短问答等多种题型。这些题型的共同特点是答案固定，缺乏协商空间。在外语教学中，客观测试的优势主要体现在三个方面：

第一，它可以通过使用多个题目扩大测试的内容覆盖面，使得所要检测的语言点得到更全面的考查，这种多样化的题目设计有助于全面评估学生的语言能力。

第二，客观测试的评分过程简单省时，不需要阅卷人进行复杂的主观判断。因此，评分结果更加公平、可靠，信度较高。

第三，客观测试能够对所要检测的语言点进行较为明确的控制，能够确保测试的标准化和规范性。

然而，客观测试也存在一些不足之处。首先，由于其主要考查学生对语言知识的识别能力，所以测试结果只能间接地反映学生的语言能力，这种间接性可能导致对学生语言水平的评价不够全面；其次，客观测试在取样语言点时存在一定的主观性，这可能会导致测试内容出现偏差。尤其是在设计单项选择题时，干扰项的设置可能会产生负面作用，从而影响学生的真实表现；最后，在外语教学测试中，客观测试的效度可能较低，原因在于其只能评估学生对语言知识的认知水平，而难以直接测量学生的语言运用能力。这一局限性使得客观测试在评估学生实际语言能力方面受到限制。因此，教学者在设计外语教学测试时，应综合考虑客观测试的优势和不足，合理安排测试题型。

3.依据评分标准划分

依据评分标准的不同，语言测试主要包括常模参照测试和标准参照测试。

(1)常模参照测试。语言常模参照测试是一种评估方法，旨在通过量化评估被测试者的语言能力，将其结果与标准化常模样本的平均水平或标准水平进行比较，以确定其在特定语言方面的相对表现水平，这种测试方法能够客观地揭示被测试者在语言能力方面的优势和不足，为针对性的语言学习和能力的提升提供有效参考。

在常模参照测试中，常模是指在特定样本人群中得出的标准化得分，可以代表该人群在特定语言能力方面的平均水平或标准水平，这些常模样本通常包括具有代表性的大样本群体，其语言能力水平经过严格的统计分析和标准化处理，能够代表特定人群在特定语言能力方面的普遍水平。通过将被测试者的语言能力测试结果与这些常模样本进行比较，评估者可以更全面地了解被测试者的语言能力水平，以确定其在特定语言方面的相对位置和发展潜力。

常模参照测试的设计与评估过程，必须严格遵循科学的评估原则与方法，以保障评估结果的科学性与可靠性。首先，评估者需要选择具有代表性和可靠性的常模样本，确保其能够准确反映特定人群在特定语言能力方面的普遍水平；其次，评估者需要确立明确的评估标准和评估要求，明确评估的重点和目的，以便更准确地评估被测试者在特定语言能力方面的表现水平；最后，评估者还需要使用科学的统计分析方法，对常模样本的数据进行综合分析和比较，以确定被测试者的语言能力水平在常模样本中的相对位置和优劣势。

在常模参照测试的评估过程中，评估者通常会使用多种评估工具和方法，如标准化考试、量表评估和统计分析等，以便全面客观地评估被测试者的语言能力水平。通过对常模样本数据的分析和比较，评估者可以更准确地了解被测试者的语言能力水平，为后续的教学指导和学习改进提供有力支持。经过对标准样本数据的缜密分析与对比，研究人员能够深入研讨不同人群语言能力的多样性及其特性，进而推动语言教育的革新与进步，助力语言政策的制定与执行。

(2) 标准参照测试。标准参照测试是一种评估个体语言能力的方法，通过比较个体语言能力与特定标准或语言能力规范来确定其语言水平和发展潜力。这种测试通常对个体的语言知识、语法掌握、词汇量、语言应用能力和理解能力等方面进行综合评估，以确保其语言水平达到特定标准。

在标准参照测试中，语言标准是指被测者当前所处的语言学习阶段或应用环境对其语言能力的具体要求，这些要求通常以语言水平或能力的标准为表现形式，这些标准主要由教育部门、语言教学机构或相关专业机构依据国家语言政策和语言教育目标制定，旨在准确反映特定语言学习阶段或应用环境中被测者的实际语言能力水平。首先，评估者需要了解和熟悉特定的语言标准或语言能力标准，并明确其评估要求和评估标准，确保被测试者的语言能力评估与特定语言标准相匹配；其次，评估者需要使用科学的评估工具和方法，包括标准化考试、量表评估和语言能力测试等，以确保评估的客观性和可靠性，避免因主观因素而对评估结果产生影响；最后，评估者还需要采用科学的统计分析方法，对评估结果进行综合分析和比较，以确定被测试者在特定语言标准下的语言能力水平和发展潜力。

在标准参照测试的评估过程中，评估者通常会采用多种评估工具和评估方法相结合的方式进行评估。评估者可通过量化评估的方式，对被测试者的语法掌握程度、词汇量大小、语言应用能力和语言理解能力等维度进行全面考量，进而得出其在特定语言标准下的得分与排名，这一评估结果有助于确定被测试者在特定语言能力方面的相对位置及其发展潜力。通过对语言标准的深入理解和准确把握，评估者可以更准确地了解被测试者的语言能力水平，为后续的教学指导和学习改进提供有力支持。

(二) 外语教学测试的评估原则

外语教学测试作为评估个体语言能力和学习效果的重要手段，旨在全面、客观地衡量语言水平。在外语测试过程中，评估原则是确保测试质量和有效性的关键标准。这些原则涉及评估内容的选择、评估方法的设计、评估过程的执行以及评估结果的解释，对确保评估结果的准确性和可靠性来说至关重要。"语言测试主要是考查学习的结果，而语言评估更多的是关心语言学习的过程。"❶ 外语教学测试的评估原则主要包含以下三个原则。

1. 科学性原则

外语教学测试评估的科学性原则是指在外语教学测试评估过程中，评估者需要遵循科学的评测标准和评测方法，依据科学的评测理论和评测技术对被测者的语言能力进行客观、准确地评估，这一原则的核心在于确保评测过程的科学性和严谨性，以便更准确地了解被测者的语言能力水平，为个体的学习和发展提供有针对性的评测建议和指导。科学性的评估原则主要包含以下三方面：

（1）评测标准的科学性。评测标准是衡量评测结果的重要依据，评测者需要依据科学的评测标准对被测者的语言能力水平进行评估，从而避免主观因素和个人偏见对评测结果产生影响。科学的评测标准应具有客观性和公正性，能够客观、准确地反映被测者的语言能力水平和语言学习效果。评测者可以根据语言能力的不同维度和不同等级制定相应的评测标准，以确保评测结果的科学性和可信度。

（2）评测理论的科学性。评测理论是评测过程的理论基础，评测者需要依据科学的评测理论来设计和实施评测方案，以确保评测过程的科学性和严谨性。科学的评测理论应包括评测的基本原理和评测的基本方法，能够指导评测者合理选择评测内容和评测形式，以确保评测过程的科学性和可靠性。评测者可以通过深入研究评测理论和评测技术，不断提高评测能力和评测水平，以确保评测结果的准确性和可信度。

（3）评测技术的科学性。评测技术是评测过程的操作手段，评测者需要依据科学的评测技术来选择评测工具和评测设备，以确保评测过程的科学性和有效性。科学的评测技术应包括先进的评测手段和先进的评测方法，能够为评测者提供便捷、高效的评测服务。

2. 多维度原则

外语教学测试评估的多维度原则是指在语言测试过程中，评估者需考虑多个方面的要素和因素，全面、多方位地评估被测者的语言能力水平，这些多维度原则不仅包括语言能力的多个方面，如听力、口语、阅读和写作

---

❶ 王伟，左国念，何霜，等. 应用语言学导论 [M]. 武汉：中国地质大学出版社有限责任公司，2012: 57.

等，还包括语言应用的多个场景，如日常生活、学术研究和职业发展等。在语言测试评估工作中，采用多维度原则有助于评估者深入且全面地掌握被测者的语言能力特征，从而确保评估结果的精确性与可靠性。多维度的评估原则主要包含以下三方面：

（1）对语言能力的多方位评估。语言能力作为一种复合型的能力，包括听力、口语、阅读和写作等多个方面，评估者在语言测试过程中需要通过不同的测试手段和测试方法来全面评估被测者的语言能力水平。例如，在听力测试中，可以通过听力材料和听力问题来考查被测者对语音、语调和语速等方面的理解能力；在口语测试中，可以通过口语任务和口语表达来考查被测者的口语交际能力和语言表达能力；在阅读测试中，可以通过阅读材料和阅读问题来考查被测者对文章内容的理解和推理能力；在写作测试中，可以通过写作任务和写作要求来考查被测者对语法、词汇和篇章结构等方面的掌握程度。

（2）对语言应用的多场景评估。随着社会的不断发展和全球化的加速推进，语言应用的场景日益多样化和复杂化，评估者在语言测试过程中需要考虑不同的语言应用场景，以全面考查被测者在不同场景下的语言应用能力。例如，在日常生活场景下，可以通过日常对话和日常交流来考查被测者的日常用语能力和交际能力；在学术研究场景下，可以通过学术论文和学术报告来考查被测者的学术写作能力和学术演讲能力；在职业发展场景下，可以通过职场交流和商务谈判来考查被测者的商务口语能力和职场应对能力。

（3）对评估结果的分析和评价。在语言测试评估的过程中，评估者需要将多个评估指标和多个评估结果进行综合分析和综合评价，以形成全面、客观的评估结论和评估建议。评估者可以通过多元统计分析和多因素比较分析等手段，对不同评估结果进行权衡和比较，以评估被测者的语言能力水平和语言学习效果。评估者将以综合评价报告和综合评估建议等形式，向被测者提供个性化的评估建议和改进意见，旨在协助被测者更全面地认识自身的语言能力特点，并据此制订具有针对性的学习计划和策略，从而优化学习效果。

3. 实用性原则

外语教学测试评估的实用性原则是指在语言测试评估过程中，评估者需注重评测结果的实际应用价值和实际应用功能，以便为被测者提供有针对性的评测建议和指导，能够保证评估结果的实用性与适用性，从而充分满足受评者的需求与要求，为个体学习与成长提供精准、有效的评估支持。实用性的评估原则主要包含以下三方面：

（1）评测结果的实际应用。评测结果是评测过程的重要产出，评测者需要将评测结果与实际应用场景相结合，以确保评测结果能够为被测者的学习和发展提供有针对性的指导和支持。评测者还可以通过实际案例和实际教材，向被测者展示评测结果的应用效果和应用价值，帮助被测者更好地理解评测结果的意义和作用。

（2）评测建议的实际功能。评测建议是评测过程的重要内容，评测者需要根据评测结果提出具体的评测建议和改进措施，帮助被测者更全面地了解自己的语言能力特点和语言学习效果，从而能够制订有针对性的学习计划和学习策略。经过精心策划与组织，评测者能够依据被测者的实际情况，提供具有针对性的分层次建议和分阶段指导。通过这些个性化的建议与指导，被测者可以明确自身的学习目标，从而增强学习动力，实现自我能力的提升。评测者还可以通过个性化辅导和个性化指导，帮助被测者克服学习障碍和改善学习效果，提高学习成绩和自我学习能力。

（3）评测效果的实际效用。评测效果是评测过程的重要结果，评测者需要根据评测结果和评测建议来评估评测效果，以确定评测过程的实际效用和实际效果。评测者可以通过定期跟踪和定期反馈，来了解被测者的学习情况和学习进展，并及时调整评测策略和调整评测方法，以提高评测效果和提高评测效能。评测人员可借助实际案例与具体应用场景，展现评测结果的实效性与实用价值，进而协助被测者深入理解评测效果的深远意义及其发挥的重要作用。

总而言之，外语教学测试的评估原则是多维度、科学的和实用的，其作用在于保证评测结果的准确性和可靠性，为个体的学习和发展提供有针对性的评测建议和指导。在实际应用中，首先，需要注重评估原则的全面性、客观性和公正性，以确保评测结果的准确性和可靠性。其次，需要注重评估原则的科学性和可靠性，以确保评测结果的客观性和可靠性。最后，需要注重评估原则的实用性和适用性，以确保评测结果的有效性和适用性。

第二节 外语教学的影响因素

外语教学作为跨文化交流和知识传递的纽带，一直是教育研究的重要领域。外语教学的成效受到多重复杂因素的影响，而非单一因素决定。深入理解和掌握这些影响因素，能帮助外语教师更好地制定教学策略，提升教学质量，从而使学生能够更有效地习得外语。外语教学的影响因素主要包括以下四方面。

一、社会环境的影响

社会环境对外语教学的影响是多方面且深远的，主要包括以下三方面：

第一，社会文化背景。不同文化背景下的学生对外语学习的态度、动机和期望存在较大差异，这就要求外语教师具备较高的跨文化交际能力，能够根据学生的文化背景调整教学策略，激发学生的学习兴趣。此外，社会语言环境也是影响外语学习效果的关键因素。"目的语的社会功能越强、国际地位越高，学习者的学习动机就越强；如果目的语的社会功能和国际地位不及母语，那么学习者的学习积极性就会受到影响。"[1]在一个外语交流氛围浓厚的社会环境中，学生更容易接触到外语并获得实践机会，从而提高语言应用能力。

第二，社会经济因素。经济发展水平和社会财富水平的不同会直接影响到外语教学资源的分配和学生的外语学习条件。在经济相对发达的地区，学校和机构可能会投入更多的资源用于外语教学，提供更好的教学设施和师资力量，从而提高教学质量。

第三，科技的发展。随着互联网和信息技术的普及，学生可以更方便地获取到丰富的外语学习资源，如在线课程、语言学习应用程序等，这些新技术的应用为外语教学提供了更多元化和个性化的选择，同时也拓展了学生的学习渠道和方式。

---

[1] 方静，王瑞琪，冯凌云. 外语教学与模式研究 [M]. 长春：吉林人民出版社，2021：76.

二、学校环境的影响

学校环境作为外语教学的直接场所,其硬件设施、师资力量以及课程设置等要素,对于教学效果的深远影响不容忽视。在外语教学中,应充分重视学校环境的建设和完善,为外语教学提供有力的支持和保障,主要包括以下三方面:

第一,硬件设施作为保障外语教学质量的基础,对于提升学生的学习兴趣和效率至关重要。现代化的教学设备如多媒体教室、语言实验室等,为学生提供了更多元化、更贴近实际的语言实践机会。例如,多媒体教室的丰富教学资源可以让学生直观地了解外语国家的文化、历史和社会现状,从而增强学生对外语学习的兴趣。而语言实验室则为学生提供了模拟真实语境的练习环境,让学生在实践中掌握外语的听、说、读、写能力。此外,舒适的学习环境也是提高学生学习效率的重要因素。一个安静、整洁、明亮的教室,能够让学生更好地专注于学习,提高学习效果。

第二,师资力量是外语教学的核心。优秀的外语教师不仅需具备扎实的语言基础和教学能力,更需具备丰富的教学经验和跨文化交际能力。他们能够根据学生的实际情况,制订个性化的教学计划,灵活运用各种教学方法和手段,帮助学生克服学习困难,提高学习效果。同时,教师的教学态度和职业素养也会对学生产生深远的影响。一位敬业、热情、耐心的教师,能够激发学生的学习热情,树立学习信心,从而取得更好的学习效果。

第三,课程设置是影响外语教学效果的关键因素。合理的课程设置应充分考虑学生的语言水平、学习需求和学习兴趣,注重培养学生的语言应用能力和跨文化交际能力。在课程设置中,应注重培养学生的实际运用能力,如口语表达、听力理解、阅读理解等。同时,课程内容的更新和教学方法的创新也是提高外语教学质量的关键。随着社会的不断发展和科技的进步,外语教学方法和手段也在不断更新换代。外语教师应关注最新的教学理念和技术手段,并将其应用到实际教学中,以提高教学效果。

三、学生个体差异的影响

学生在外语教学中扮演着至关重要的角色,他们的个体差异直接影响

着教学的成效。学生的个体差异对外语教学的影响主要包括以下三方面:

第一,学生的语言基础和学习能力是影响外语学习效果的关键因素。具备坚实语言基础和较强学习能力的学生通常能更快地取得进步,而基础薄弱和学习能力较弱的学生则需要额外的支持和指导。因此,教师应根据学生的实际情况制订个性化教学计划,灵活运用多样化教学方法,以满足不同学生的需求,助力他们充分发挥潜力。

第二,学生的学习动机和兴趣对外语学习的效果起着重要作用。那些具有强烈学习动机和浓厚兴趣的学生通常更加积极和投入,从而能取得更好的学习成绩。因此,教师应该注重激发学生的学习兴趣和动机,采用多样化的教学手段和活动,营造出积极的学习氛围,从而提高学生的学习积极性和参与度。

第三,学生的性格特点和心理状态会对外语学习产生一定的影响。那些性格开朗、自信乐观的学生通常更容易适应新环境和应对挑战;而性格内向、自卑焦虑的学生可能会面临更多的学习障碍。因此,教师需要关注学生的心理健康和成长需求,为他们提供必要的心理支持和辅导,帮助他们建立积极的学习态度和自信心。

四、教学方法与手段的影响

教学方法与手段在外语教学中占据着重要的地位,它们不仅是实现教学目标的关键途径,更是影响教学效果的重要因素。随着教育理念的逐步更新以及科技的高速发展,外语教学领域不断涌现出多样化的教学方法和手段,这些新的尝试不仅丰富了教学手段,还极大地提升了教学效果。教学方法与手段对外语教学影响主要包括以下两方面:

第一,教学方法的变革。任务型教学法、交际教学法、情境教学法等多样化的教学方法在外语教学中得到了广泛应用。任务型教学法强调通过完成实际任务来培养学生的语言应用能力,使学生在实践中学习和掌握语言知识。交际教学法则注重培养学生的交际能力,通过模拟真实交际场景,让学生在互动中提升口语表达和沟通能力。情境教学法则是将语言学习与具体情境相结合,使学生在特定的情境中学习语言,更易于理解和记忆,这些教学方法的应用,极大地激发了学生的学习兴趣和积极性,使得学习充满了趣味性和实用性。

第二，教学手段的革新为外语教学注入了新的活力。多媒体技术、网络教学资源等现代教学手段的运用，使得外语教学更加生动、形象、有趣。多媒体技术可以通过图片、音频、视频等多种形式展示语言知识，使得学习更加直观和易于理解。网络教学资源则为学生提供了丰富的学习材料和实践机会，使得学习不再局限于课堂，而是可以随时随地进行。

当然教学方法与手段的选择并非固定的，而是需要根据具体的教学内容和学生的实际情况进行灵活调整。不同的教学方法和手段各有优劣，外语教师应根据教学目标和学生的需求进行选择和组合，以达到最佳的教学效果。首先，对于初学者，可能更需要通过多媒体手段进行直观地教学；而对于高级学习者，则可能更需要通过交际和情境教学法帮助学生进行实践和应用。教师应关注最新的教学理念和技术手段的发展动态，不断更新自己的教学方法和手段。随着科技的进步，新的教学手段和工具不断涌现，外语教师应积极学习和掌握这些新技术，以便更好地应用于教学。其次，教师还应不断反思和总结自己的教学实践，探索更加有效的教学方法和手段，以适应时代的发展和学生的需求。再次，外语教师应根据具体情况灵活选择和应用不同的教学方法和手段，以激发学生的学习兴趣和积极性，提高学生的语言应用能力和交际能力。最后，教师还应不断更新自己的教学理念和技术手段，以适应时代的发展和学生的需求，为培养具有国际视野和跨文化交际能力的人才作出贡献。

第三节　外语教学的方法、模式

一、外语教学的方法

教学方法是教师教的方法与学生学的方法的总称，它是一个兼顾教学内容、学生特点、教师特点、教学环境等多个变量，内含学习过程、教学过程、评价和反思过程，彼此间密切联系的综合过程。在外语教学实践中，教学方法的选择要博采众长，不拘于形式，合理选择，基本的教学方法主要包括以下四类。

(一)外语教学的讲授法

"讲授法是教学的基本方法,它主要通过教师整合各种来源的信息,然后较为完整系统地传达给学生。"❶一般而言,它具有一定的优越性:①可以在短时间内,向许多学生传递大量的信息;②有助于学生精确地理解概念,批判地对待知识;③适用于介绍新主题或提供背景信息;④教师有机会看出混淆之处,然后有针对性地解决。与此同时,讲授法也存在一些不足之处:①讲授法使学生处于被动地位,不利于他们提问和思考问题;②学生连续集中注意力的时间长短有差别;③学生领会问题的能力与速度不同,而讲授法总是按照讲授者的进度进行;④讲授的某些内容也可以通过课本或书面材料来传递。因此,教师在外语教学过程中使用讲授法时,要注意:①讲授内容要力求达到科学性和思想性的统一,要顾及学生的原有知识基础;讲述过程要注重组织性与逻辑性的统一;语言要简洁、准确、生动、易懂,论述要条理清楚,层次分明,重点突出,使学生能够简单清楚地掌握相关知识;②一堂课中要注重多种教学方法并用,其中讲授法使用的时间不宜过长。学生们维持注意力的时间是有限的,如果超出这一时间限度,学生注意力就会转移,上课就会分心,有时还会诱发行为问题;③在授课过程中要注意讲授内容与时间的比例安排,不宜在过短的时间内呈现过多的新知识,如果超出学生的信息接收与理解限度,就会降低教学有效性。

(二)外语教学的谈话法

外语教学的谈话法是教师根据学生已有的知识或经验提出问题,引导学生思考并得出结论,以此来获取知识和发展能力。谈话法以教师的提问为主,旨在激发学生的思维,并鼓励他们积极作答。通过这种方法,师生间形成了双向互动机制。教师可以从学生的回答中获得宝贵的教学反馈,调整教学策略;同时,学生也能从教师的总结和评价中获得针对性的反馈和指导,促进个人学习的进步。

根据教学任务的不同,谈话法可以分为三种类型:①传授新知识的谈话,教师在讲授某一新课题时,在对教材内容进行分析和综合的基础上,可

---
❶ 刘莉. 外语教学与语言文化 [M]. 北京:九州出版社,2017:56.

以借助于一系列的提问引导学生运用已有的知识逐一地解决。②指导和总结性谈话，教师在正式讲授知识之前或之后与学生进行谈话式交流，目的在于帮助学生明确学习活动的目的和内容，指导学生顺利地完成独立作业。③复习和巩固旧知识的谈话，教师根据已传授知识的内容与重点进行提问，要求学生进行回答，目的是让学生巩固和加深已有知识，并检查学生的知识掌握情况。

教师在外语教学过程中运用谈话法时，应注意：①根据教材的内容、教学对象的特点和授课情况等条件，做好充分的课前准备，明确要提出的问题以及提问的顺序，制定详细的提纲以便更好地引导学生去回答这些问题。②所提问题要明确具体、难度适中，遵循从易到难、由浅入深的顺序，而且所提的问题要面向所有的学生，使全体学生都能够积极思考。③在回答每个问题后，教师需要进行全面总结。总结不仅应涵盖问题的内容和答案，还需针对学生在回答过程中的表现进行细致评价。对于回答正确的部分，教师应给予明确的肯定和表扬，以激发学生的积极性；对于回答错误的部分，教师需及时纠正并给予鼓励，以帮助学生建立正确的认知；对于回答中遗漏的部分，教师应进行补充和提示，以确保学生全面掌握相关知识。

（三）外语教学的讨论法

讨论法是学生根据教师所提出的问题，直接参与讨论学习，在集体中相互交流、相互启发、相互学习的一种教学方法。讨论法与谈话法有些相似，都是由教师提出问题，听学生回答，由此获得反馈信息。但是，在讨论法中，学生是讨论的主体和主要参与者，教师仅是一个作为协调者、组织者、引导者的次要角色，教师的作用主要是保证学生的讨论不离题，并引导学生得出正确的结论。在外语教学中，讨论法一般适用于以下两种情况：①问题的答案不止一种；②问题只有一个正确的答案，但是涉及的知识和概念较多，需要学生从多角度进行考虑。通常情况下，讨论法采取全班讨论和分组讨论两种主要形式。

外语教学的讨论法是以学生和讨论题目为中心，参加讨论的学生都有机会发表自己的见解、聆听别人的意见以及与不同意见进行论证，这有利于发挥学生的独立思考和分析问题、解决问题的能力。讨论法可以帮助学生勇于表达自己的观点,并在讨论中不断修正自己的看法,培养学生听取他人意见并从不同角度看问题的能力,对他人的不同看法学会用事实和论据来有效地说服别人,这种教学方法有助于提高学生灵活运用知识的能力。但是同时也应该看到,讨论法也有其局限性:①由于讨论要求学生具有一定的知识和经验基础,所以在高年级中比较适用;②讨论的进程很难预测,对教师掌控局面的能力要求较高;③讨论虽然有助于学生在发言中获得知识,但是从同学的发言中获得的知识一般比较零碎,缺乏系统性,甚至有些发言还会存在一些错误;④学生参与讨论的积极性各不相同,学生的知识背景也有差异,容易出现一部分学生热情参与讨论,另一部分学生置身局外的局面。因此,教师要慎重使用讨论法。

在外语教学中运用讨论法时,教师应掌握以下要点:①在讨论开始前,教师和学生都要充分的准备。教师应提前告知讨论课题,并为学生布置准备任务,使学生能够做好发言准备。②讨论议题应简洁明了,难易适度,既要引起学生兴趣又能让他们有话可说,鼓励学生积极发言。③在讨论过程中,教师应进行适当的监督和引导,确保学生的讨论紧扣主题,不要偏离话题。同时,教师要通过提问引导学生逐步深入讨论。④讨论结束后,教师应进行总结,阐释正确观点,评估讨论中的优缺点,对存在争议的问题进行合理疏导。

(四)外语教学的先学后导教学法

外语教学中的"先学后导"教学法旨在根据外语教学的规律和特点,重视培养学生的学习兴趣和自学能力。该方法从初级阶段的"先导后学"逐渐过渡到"先学后导"。在外语教学初期,通常采取"先导后学"的教学方式,以教师引导为主、学生学习为辅,通过精讲、自学和演练三个步骤开展教学。在外语学习的初始阶段,由于学生的语言能力有限,他们主要依赖于自主阅读生词、词组和句子。然而,这种方式在理解和吸收新知识时可能存在困难,因此教师的角色至关重要。教师需要首先进行详细讲解,提供范例以帮助学生克服自学过程中的障碍,为他们进一步学习奠定坚实的基础。当学生达到一定阶段后,逐渐具备了自学能力,教学方法可转变为以学生自学为主、教师引导为辅的"先学后导"模式。

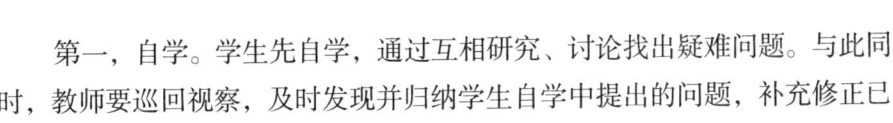

第一,自学。学生先自学,通过互相研究、讨论找出疑难问题。与此同时,教师要巡回视察,及时发现并归纳学生自学中提出的问题,补充修正已准备好的讲课内容。

第二,精讲。先由教师领读课文,并精讲难点和重点。为了使学生能够正确、熟练地阅读课文,教师要反复领读课文,并要求学生反复练习,在此基础上进行普遍提问,检查学生朗读课文的情况。

第三,演练。教师讲完后,要布置学生做课堂练习和课外练习。在做练习前,教师要精讲练习中的生词和语法知识。学生做完练习后,教师要采取提问或宣布练习答案的办法让学生检查,核对自己的答案是否正确。课外作业做完后,应由教师批改,以便学生及时更正。

先学后导教学法切实遵循外语教学的客观规律,能够有效推动教学重心由教师主导转向学生主体,此方法不仅充分展现了教师在教学过程中的引导作用,同时也极大地激发了学生的学习热情和自主性,引导他们的思维达到最佳活跃状态。通过这一转变,教学质量得以显著提升。

二、外语教学的模式

(一) 任务型教学模式

任务型教学模式是一种以任务为核心的外语教学方式,通过设计真实、具体的任务,让学生在完成任务的过程中学习和应用外语,该教学模式旨在帮助学生在真实情境中掌握语言,并通过完成任务提高他们的语言能力和综合素质。

1.任务型教学模式的特征

(1)真实性与多样性特征。在任务型教学中,外语教学内容的真实性至关重要,外语教学材料要来源于学习者的真实生活,贴近学习者的生活实际,这种真实的语言材料有助于学生更好地理解和运用所学语言。与此同时,外语教学活动还需要具备多样性的特点,这主要体现在活动的层次上。在外语教学的初始阶段,可以通过机械性、意义性的操练活动,如模仿练习、问答练习,来帮助学习者熟悉基本语言结构。在中、高级阶段,通过采访、角色扮演、讨论、问题解决等运用性练习,进一步提高学习者的语言技

能和实际应用能力。这种多样性有助于满足不同层次学习者的需求，促进语言的全面发展。

（2）综合性特征。任务型教学模式强调外语教学的综合性，这包括对语言知识结构与交际功能、准确性与流利性的兼顾。语言不仅需要关注对语言知识结构的理解，还需要关注语法及其在交际中的应用。学习者在进行语言交际时，大脑中出现的不是单个词汇或语法规则，而是预先组织好的短语和固定表达。这些"语言块"有助于学习者更流畅地进行语言表达。在这种教学模式下，学习者不仅需要学习如何准确表达，还需要提高语言的流利性。

（3）循序渐进的任务链。任务型教学强调任务之间的连贯性和层递性。在传统外语教学中，课堂活动步骤可能缺乏联系，但在任务型教学中，课堂是由一系列任务串联而成。任务的排列顺序依据难易度进行调整，呈现出由易到难、由简到繁的特点。任务与任务之间存在相依性、层递性和连续性。这种循序渐进的任务链使得学习者能够在一个系统的框架下逐步提高语言技能，从而促进语言的综合运用。

（4）师生角色的转变。任务型教学模式下的外语教学强调以学习者为中心。教师的主要角色是设计任务、提供语言材料、组织活动。与传统教学不同，在任务型教学中，教师可能无法提前知道所有任务的答案，而是与学习者一起参与任务、共同学习。这种模式下，教师不仅是知识的传授者，更是学习的协作者和示范者。学习者在课堂上的大部分时间都是以个人或小组形式完成任务，享有较大的自由度，学习者被鼓励使用任何学过的语言项目，甚至创造性地发挥。这种教学方式能够激发学习者的主动性和创造性，使他们成为积极的参与者和探索者。

（5）评价方式的转变。任务型教学模式下的评价方式与传统评价方式有着显著区别。评价的目标从重视结果和成绩转向重视过程和能力，更着重强调学习者的实际言语能力及学习过程表现。评价的主体不仅包括教师，还可以包括学习者、同伴、家长和社会。评价手段也从单一的考试转向多样性与灵活性，结合测试性与非测试性、形成性与终结性。评价方式的转变旨在激励学习、增强信心、培养合作精神。

2. 任务型教学模式的实施

（1）外语课堂教学结构分析。外语课堂教学的基本结构由六个环节组成，即导入、呈现、机械操练、意义操练、交际性语言实践活动以及巩固。这些环节形成了一个完整的教学流程，使学生能够从最初接触语言到实际应用语言，再到最终巩固所学知识。在语言知识方面，英语课堂教学包括语音、词汇、句型和语法教学四个方面。在语言技能方面，课堂训练涵盖听、说、读、写四项基本技能。根据不同的教学目标，英语课堂教学可以分为功能对话课或听说课、语篇阅读课以及综合运用语言能力训练课或复习课等课型。交际教学流派强调，语言知识的教学和语言技能的训练应围绕语言功能和语言运用展开。语音、词汇、句型和语法教学，以及听、说、读、写四项技能训练应融入功能话题教学、语篇阅读教学和综合运用语言能力训练中。无论教学内容或课型如何，英语课堂教学都离不开外语课堂教学的基本结构。外语课堂教学结构的主线是任务，教师通过设计任务、组织活动，学习者参与活动、完成任务，从而实现教学计划。

（2）任务设计原则。在外语教学中，任务设计应遵循特定原则，以确保任务设计的正确方向和有效实施任务型外语教学。

第一，学生需求原则。任务设计应满足学生的需求，并具备意义和价值。任务应让学生能够完成、愿意完成且通过努力能够完成。设计任务时需要分析学生的个体需求，包括兴趣爱好、生活经历、能力范围以及认知因素。例如，不同年龄段的学生在"美术"话题上对美术作品的理解和参与度不同。

第二，目的性原则。任务设计需明确任务的目的，包括学生需要准备的材料、开展的活动以及完成任务后的预期成果。这些目的可以分为显性目的（如非语言成果）和隐性目的（如词汇和句型的准备）。目的性原则能够确保学生在任务中达到既定的语言和非语言目标。

第三，任务相依性原则。任务应根据难易度、活动特征排列，遵循从易到难、从简单到复杂、从输入到输出的顺序。任务之间要保持层递性、连续性和涵盖性，遵循语言学习的规律，从初级到高级、从单一到综合、从学习到生活。

第四，真实性原则。针对交际性任务，任务设计应符合真实交际需要，提供尽可能接近现实生活的语言材料和活动形式。例如，阅读回答问题并不是一种真实任务，因为真实生活中，人们通常会通过摘录或标记来处理有价值的信息。

第五，做事情原则。任务型教学强调通过"做中学"的方式学习语言。在完成任务的过程中，学生应动手操作，如画图、连线、记笔记、做决定等。通过实际操作，学生积累学习经验，内化语言知识，并发展自身的语言系统。

第六，信息交流原则。在完成任务的过程中，信息交流是关键环节。活动应涉及信息的获取、传递、处理和使用。对话双方应通过真实的信息交流来完成任务，而非"明知故问"。

第七，结果性原则。任务结束后应有可见的非语言成果，如绘画作品、表格、清单、决定、报告或制作的物品等。这些成果是任务的一部分，也是评估学生是否完成任务的重要依据。这种成果能让学生体验到成功的感觉。

(3) 任务设计方法步骤。

第一步，确定任务目标。任务目标通常分为三个层级：最终目标、教育目标和具体目标。最终目标是发展学生的外语运用能力和交际能力，以达到最高的要求；教育目标是依据课程标准描述目标；具体目标是某个特定任务下所要达到的具体活动目标。教师将课程标准设定的等级目标细化为具体的语言行为目标，以描述学生能够用所学语言完成的任务。这些目标为教学评价提供依据，目标不仅限于语言知识或技能，还包括人际交往、学习策略、情感态度等方面。

第二步，确定任务类型。根据不同的目标选择相应的任务类型。初级、单一、简单、学习型、封闭式任务与高级、综合、复杂、生活化、开放式任务应合理搭配，以满足学生的不同需求。

第三步，选择教学材料。教师应结合外语教学实际，合理选择和重组教材。选材时需考虑材料的形式、内容、难易度、呈现方式，以及是否需要学生自主搜索。材料可以涉及学生的生活经历、书报、广播、电视、网络等口头或书面的英语语言材料。

第四步，规划任务活动。任务设计应规划使能性准备活动与交际性活动。使能性准备活动旨在激活学生已有的知识与技能、介绍新语言、操练新语言；交际性活动包括调查、分析、讨论、做报告等。这两类活动交叉循环进行，以确保任务的顺利开展。在活动规划中，应考虑活动持续时间、活动方式、具体目的以及学生的兴趣和能力。

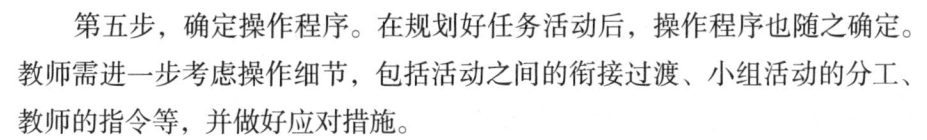

第五步，确定操作程序。在规划好任务活动后，操作程序也随之确定。教师需进一步考虑操作细节，包括活动之间的衔接过渡、小组活动的分工、教师的指令等，并做好应对措施。

第六步，调整任务难度。在任务操作过程中，可能会遇到任务难易度不适当的情况，教师需及时调整，避免学生出现惰性或畏难情绪，以确保任务的顺利进行。

（二）探究式教学模式

探究式教学模式是一种以学生为中心的教育方法，通过引导学生主动探究、提出问题并寻找答案，从而促进他们对外语的深入理解和知识应用。在外语教学中，探究式教学模式为学生提供了一个积极主动的学习环境，帮助他们发展独立思考和解决问题的能力。探究式教学模式的优势包括：①培养批判性思维。探究式教学鼓励学生提出问题并寻找答案，有助于培养他们的批判性思维和分析能力。这种思维方式对语言学习和其他学科都有帮助。②激发学习兴趣。通过引导学生探究自己感兴趣的主题，使他们更有可能投入学习。这种积极主动的学习态度可以提高学生的学习效果。③促进语言实际运用。在探究式教学中，学生需要通过调查、研究和交流等方式获取信息并展示成果。这一过程有助于他们在真实情境中运用目标语言。④培养自我管理和独立学习能力。探究式教学要求学生自行规划和管理学习过程，从而培养了他们的独立学习能力。

在外语教学中开展体验式教学模式可以从以下五方面着手：①引导提出问题。教师可以通过设计问题或情境，引导学生提出他们感兴趣的问题。这些问题将成为探究的起点。②信息收集与分析。学生需要通过阅读、听力和调查等方式收集信息，并对信息进行分析。这一步有助于学生了解目标语言的实际应用和文化背景。③小组讨论与合作。探究式教学强调学生之间的合作和讨论。通过与同学交流观点，学生可以更好地理解问题并获得不同的见解。④创作与展示。学生需要将他们的探究成果以各种形式展示出来，如演示、报告或视频等。这有助于他们锻炼语言表达能力。⑤反思与评价。探究结束后，学生可以反思自己的学习过程，并进行自我评价或同伴评价。这一过程有助于他们总结经验，改进未来的学习。在外语教学中常用的探究式教学模式主要有自主探究、合作探究、情境探究、问题探究等。

1. 自主探究教学模式

自主探究教学模式旨在引导学生自主学习、独立思考、主动建构知识的外语教学模式，该模式强调教师与学生的共同合作，教师作为教学的主体，而学生作为学习的主体，两者共同形成了主体性和民主性的师生关系。

（1）自主探究教学模式的主要特征：①教师是教学的主体，而学生是学习的主体，教师和学生同为主体，形成了主体性和民主性的师生关系；②注重教学过程的开放性和研发性，关注教学过程中学生主体意识的发挥，关注学生的创造力和创新意识，重视教师对学生的引导、启发，注重学生自主、能动地进行探究和发现；③注重学生的参与性并提倡适度合作探究的辅助作用；④要求问题设计具备合理性和教学的有效性，提倡教学的多维互动性以及教学方式的多样性。

（2）自主探究教学模式的操作思路：①要求教师要做到明确学习目标，以及预习的价值、提纲及方法，要求教学具有整体性、灵活性、开放性；②探究包括个人独探、同伴互探、小组齐探、全班共探四个支点，教师要着重考虑如何监管学生活动、如何分组、如何指导学生；③教师要通过分层运用、内外运用、反馈三个支点来指导学生实现应用迁移；④教师要注重发挥学生的主体性并促进全体学生积极参与，给予学生自主探究的权利，教学过程主要靠学生自己完成；⑤教师是学生学习的促进者、参与者、指导者、引导者，甚至要与学生"共同学习、共同探讨"。

2. 合作探究教学模式

合作探究教学是在教师指导下，学生根据不同层次进行分组，在积极互助的情境中，通过分工合作、相互帮助和彼此指导，最终以集体成功为评价依据来促进个人发展的外语教学模式，该教学模式强调合作和互动，通过团队合作来完成共同目标，并促进学生的综合能力发展。

（1）合作探究教学模式的基本要素：①要让学生知道他们不仅要为自己的外语学习负责，而且要为其所在小组的其他成员的学习负责，在探究的过程中积极互助；②小组中的每个成员都必须承担个人责任，尽职做好自己的工作；③混合编组要尽量保证一个小组内的学生各具特色，异质互补，能取长补短；④学生的社交技能水平既是合作探究的结果，又是合作探究的前提；⑤小组自评或团体反思能保证小组不断发展和进步。

（2）合作探究教学模式的操作思路：①合作设计与互动。教师在设计外语教学活动时要以合作和互动为特点，合理安排教学内容和活动形式。通过明确目标、合理分工和设置有挑战性的问题，促进学生的合作和互动。②提前设定目标。提前设定目标是确保评价依据明确、学生知道如何达成目标的重要前提。教师要向学生清晰地传达学习目标，以便学生在探究过程中能够有针对性地进行学习。③自学与小组互助。学生可以通过自学和小组互助的方式积累集体成果。在自学过程中，学生可以初步了解和思考问题；在小组互助过程中，学生可以通过讨论、交流和合作解决问题，最终达成集体目标。④自评与他评相结合。合作探究教学需要通过自评与他评相结合的方式进行评价。自评可以帮助学生认识到自己的优点和不足，促进自我反思和改进；他评则可以帮助学生吸纳教师和同伴的反馈，收获客观评价和指导。

3. 情境探究教学模式

情境探究教学模式是在外语教学过程中，教师有目的地引入或创设具有一定情绪色彩的生动场景，以促进学生的情感体验并帮助他们理解文本的探究教学方式。这种教学模式旨在通过创设情境，促进学生对学习内容的理解，并使学生的心理机能得到发展。

（1）情境探究教学模式的基本原则：①意识统一和智力统一原则。在情境探究教学中，教师要平衡学生的思维和情感需求。一方面，要培养学生的刻苦钻研精神，确保他们集中思维、深入思考；另一方面，要发挥情感、兴趣、愿望和动机等智力活动的作用，提升学生的外语学习积极性和参与度。②轻松愉快的原则。情境探究教学强调在轻松愉快的气氛中引导学生提出问题，并展开思维和想象。教师应努力营造愉悦的外语学习环境，使学生在这种氛围中寻求答案、分辨正误，从而提高学习效果。③自主性原则。该教学模式强调学生在教学中的主体地位和师生之间的良好关系。教师应鼓励学生自主学习，尊重他们的个体差异和选择，从而促进学生在外语学习过程中的主动性和创造力。

（2）情境探究教学模式的操作思路：①借助实验创设外语情境，帮助学生将当前的学习知识与自己已经知道的事物相联系，建构起所学知识的系统；②借助新旧知识的关系、矛盾，创设情境，让学生产生学习的欲望，从而形成积极的认知氛围和情感氛围；③借助生活实例创设情境，让学生有真切的感受，以便引起学生的探究兴趣，激发其求知的欲望；④运用实物、图画、表演、语言、故事等展现和创设外语情境。

4. 问题探究教学模式

问题探究教学模式是以问题为纽带，让学生在提出问题、分析问题、解决问题的探究过程中，建构知识体系和外语教学模式，发展智力，提高外语学习能力。

（1）问题探究教学模式的基本特点：①问题是教学的良好开端。在问题探究教学模式中，教师可以通过提出具有挑战性和启发性的学习问题，引导学生深入思考和探究。这种方式可以激发学生的外语学习兴趣，提高他们的思维能力和解决问题的能力。②从问题出发，培养学生的思维能力。通过以问题为中心的外语教学方式，学生可以在探究问题的过程中培养自己的思维能力和逻辑推理能力。他们需要通过分析问题、提出解决方案，并在实践中验证自己的观点，从而不断提升自己的思维水平。③师生角色的转变。在问题探究教学模式中，教师不再只是知识的传授者，而是作为学生学习的引导者和合作伙伴。教师的作用转变为引导学生思考和探究，为学生提供支持和帮助，使学生在外语学习过程中获得更多的自主性和参与度。

（2）问题探究教学的实施策略：①搭建民主平台，树立学生的主体意识。教师应建立一个民主、开放的外语教学环境，让学生在提出问题、分析问题和解决问题的过程中发挥主体作用。通过鼓励学生表达自己的观点和见解，教师可以培养学生的主体意识和创新思维。②多角度着手，培养学生的问题意识。教师可以从多角度、多层次设计问题，激发学生的思考和探究兴趣。通过提出不同类型的问题，教师可以引导学生从多元视角审视问题，从而培养他们的问题意识和批判性思维。③改变备课模式，以问题为核心。在备课过程中，教师应以问题为核心，设计外语教学内容和教学活动。通过围绕问题开展教学，教师可以使教学更加有针对性和实效性，并帮助学生更好地理解和掌握知识。④重组教学组织形式，创造更大的探究空间。教师可以根据教学内容和学生的特点，灵活调整外语教学的组织形式，例如，小组合作学习、讨论交流等。这种方式可以为学生创造更多的探究空间，促进他们在探究过程中相互学习和交流。

(三)体验式教学模式

在外语教学中,体验式教学模式被广泛运用以提升学生的学习效果和语言能力。体验式教学模式着重于通过让学生在真实或模拟的情境中使用目标语言,从而帮助他们更好地理解和掌握语言。体验式教学模式的优势包括:①真实的情境。体验式教学通过让学生在真实或模拟的语言情境中练习语言,从而增强了他们对语言的理解和使用,这有助于他们掌握语言在不同场合和背景下的应用。②增强学生的参与度。通过直接参与活动,学生更有可能保持积极的学习态度。他们不仅能够更深入地理解语言,还能够培养对语言学习的热情和兴趣。③培养综合技能。体验式教学不仅注重语言能力的培养,还重视其他技能,如沟通、协作和解决问题的能力。这些技能在现实生活中同样至关重要。④促进文化理解。外语教学不仅仅是学习语言本身,还包括对目标语言文化的理解。通过体验式教学,学生可以更深入地了解语言背后的文化,从而提高他们的跨文化沟通能力。

在外语教学中开展体验式教学模式可以从以下五方面着手:①角色扮演。让学生在模拟的情境中扮演不同的角色,如在餐厅点餐、在酒店预订房间等。这种方式可以让学生在真实的语言环境中练习。②实地考查。组织学生参观与目标语言相关的文化场所,如博物馆、艺术展览或当地社区,这些活动可以帮助学生更好地理解语言和文化。③合作学习。通过小组合作学习,学生可以共同完成任务,如制作演示文稿、策划活动或进行研究。这种方法不仅促进了语言学习,还培养了团队合作和沟通能力。④项目式学习。让学生参与长期的项目,如制作视频、写剧本或创作艺术作品,这些项目可以让学生在一个真实的背景下使用目标语言。⑤游戏和模拟。通过设计语言游戏或模拟活动,如贸易模拟、模拟法庭等,让学生在娱乐中学习语言。

体验式教学模式中的师生关系是通过教学中的交往、对话、理解而达成的"我你"关系,而不是传统的"授受"关系。在传统的教学中,教师的主要作用是讲授和传递书本知识,学生则是被动地接受知识,这种师生关系只是一种知识传递关系,师生之间很难有平等的对话与交流,也就难以形成积极的情感体验。而师生之间的"我你"关系不只是知识传递的关系,而是有着共同话题的对话关系。在对话中,师生进行着知识与智慧的交流,感悟着生命的意义与价值，相互尊重，彼此信赖与激励。教师总是为学生彰显各自的生命力量、发展各自的独特精神提供一个广阔、融洽、自主的空间，让学生的心灵得以自由舒展、生命意义得以真正实现。

第四节 外语专业教学的现状与挑战

一、外语专业教学的现状

（一）外语专业的课程设置与教学内容

外语专业的课程设置旨在为学生提供全面而深入的语言知识、文化理解以及实际应用技能。外语课程通常包括语言技能课程，如听、说、读、写，以及文化、文学等专业领域课程。这些课程的设置旨在平衡理论与实践，确保学生不仅了解目标语言的语言结构和语法，还能掌握实际运用技巧。教学内容的选择与更新是外语专业教学中的关键环节。课程内容应随着社会和行业的变化不断调整，确保学生获得最新的知识和技能。例如，随着全球化和数字化的发展，课程内容需要涵盖当代社会问题、文化多样性、数字媒体和跨文化沟通等方面。此外，课程还应反映目标语言国家的当代文化和社会发展，以提高学生对目标语言和文化的理解。教学内容与行业需求的匹配度是外语专业教学质量的重要指标。外语专业毕业生需要具备在不同领域工作的能力，如教育、翻译、国际贸易和外交等。因此，课程设置和教学内容应与这些行业的实际需求相匹配，培养学生的专业能力和实际操作技能。例如，通过引入行业专家讲座、实习项目和模拟实践活动，学生可以更好地理解和适应现实工作环境。

（二）外语专业的主要教学方法与手段

当前外语专业采用的主要教学方法包括传统课堂教学、讨论和互动式教学，以及基于项目的学习。传统课堂教学强调教师主导，通过讲解和示范教授知识。而讨论和互动式教学则更注重学生的参与和思考，通过小组讨论、辩论和角色扮演等方式提高学生的表达和沟通能力。现代技术，如多媒体和网络，在外语教学中也已经得到了广泛应用。多媒体资源，如音频、视频和动画，有助于学生更直观地理解语言和文化。网络技术使得在线教学和远程学习成为可能，为学生提供了更多的学习资源和灵活的学习方式。此外，在线交流平台和语言学习应用程序为学生提供了更多的练习机会和与母语者交流的途径。教学方法对学生学习效果的影响是显著的。多样化的教学方法可以激发学生的学习兴趣，增强他们对课程的参与度。基于实践的教学方法，如模拟项目和实习，有助于学生将理论知识应用于实际情境，提高他们的专业技能。教师应根据学生的个体差异，灵活运用不同的教学方法，确保每个学生都能获得最佳的学习体验。

（三）外语专业的师资队伍与教学资源

外语专业的师资队伍是教学质量的重要保障。师资队伍的素质与结构直接影响到学生的学习体验和学习效果。优秀的外语教师不仅应具备专业的语言知识和教学技能，还应具备丰富的文化知识和跨文化交际能力。此外，教师的教学风格和态度对学生的学习兴趣和积极性也起到重要作用。教学资源的配置与利用情况对外语专业的教学质量至关重要。学校应确保为外语专业提供充足的教学资源，如教材、课外读物、多媒体资源和实验室设备等。这些资源应与课程内容和教学目标相匹配，支持教师的教学和学生的学习。此外，学校应鼓励教师积极利用现代科技资源，如在线数据库和学术期刊，以不断更新和丰富教学内容。师资与资源对教学质量的影响是多方面的。优秀的师资队伍可以通过高质量的教学和指导，帮助学生更好地掌握语言技能和文化知识。而充足的教学资源为教师提供了更多的教学工具和方法，支持他们的教学工作。学校应重视对师资队伍的培训和支持，确保教师在教学过程中能够不断提高自己的专业水平。

（四）外语专业学生的情况与学习成果

外语专业学生的基本情况是多样化的，包括不同的年龄、背景和学习经历。这种多样性为课堂带来了丰富性，但也给教学带来了挑战。教师应了解学生的个体差异，采取灵活的教学方法，以满足不同学生的学习需求。此外，学生的学习动机和兴趣对他们的学习成果有直接影响。教师应通过激发学生的学习兴趣，鼓励他们积极参与课堂活动，从而提高学习效率。学生的学习成果是外语专业教学质量的直接体现。学习成果的评估应包括学生的语言能力、文化理解和实际应用技能等方面。除传统的考试和作业评估，教师还可以通过学生的项目展示、口语演示和小组合作等方式，全面评估学生的学习成果。此外，学生的就业情况也是衡量外语专业教学质量的重要指标。教师应关注学生的职业发展，提供就业指导和职业规划，帮助学生顺利进入职场。

二、外语专业教学的挑战

(一) 全球化背景下语言需求发生变化

全球化在过去几十年中不断推进，全球经济、文化和政治交流愈发密切。这种趋势对语言需求产生了深远的影响。一方面，全球化增加了对多种语言的需求，因为跨国公司和组织需要与不同国家和地区的人进行沟通。另一方面，全球化促进了文化交流，使人们对多元文化的兴趣和了解不断增长。这种背景下，外语专业也需要不断发展，做到与时俱进。外语专业需要适应全球化带来的语言需求变化，以确保学生掌握全球市场所需的技能和知识。首先，课程设置应根据全球化趋势调整，提供多样化的语言课程，特别是那些在国际贸易和外交中扮演重要角色的语言。其次，课程内容应涵盖当代社会、文化和经济问题，以帮助学生了解全球背景下的语言应用。最后，外语专业还应注重培养学生的跨文化交际能力。随着全球化的深入，人们越来越需要在不同的文化环境中进行有效沟通。最后，课程内容应加强对目标语言国家文化、历史和社会背景的学习，使学生在语言学习的同时深入理解不同的文化。

(二) 技术革新与外语教学模式的变革

现代科技的迅速发展为外语教学带来了新的机遇和挑战。新技术，如多媒体、虚拟现实和人工智能，在外语教学中得到了广泛应用。这些技术为学生提供了更丰富的学习资源和更多元的学习方式，如在线课程、语言学习应用和虚拟交流平台。外语专业需要积极应对教学模式的变革，以充分利用

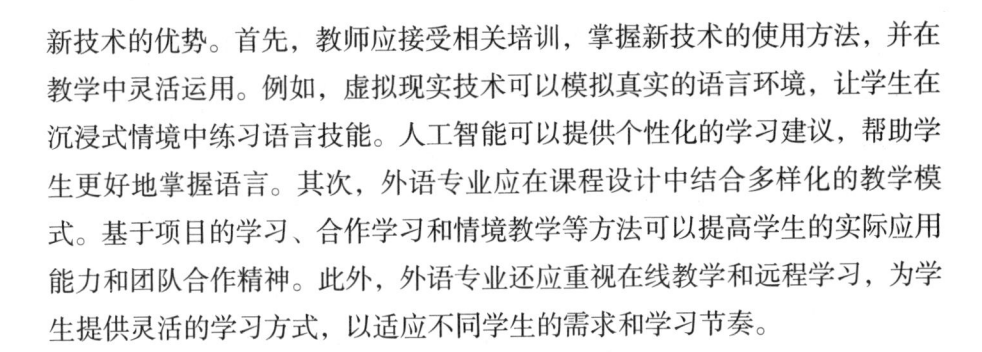

新技术的优势。首先，教师应接受相关培训，掌握新技术的使用方法，并在教学中灵活运用。例如，虚拟现实技术可以模拟真实的语言环境，让学生在沉浸式情境中练习语言技能。人工智能可以提供个性化的学习建议，帮助学生更好地掌握语言。其次，外语专业应在课程设计中结合多样化的教学模式。基于项目的学习、合作学习和情境教学等方法可以提高学生的实际应用能力和团队合作精神。此外，外语专业还应重视在线教学和远程学习，为学生提供灵活的学习方式，以适应不同学生的需求和学习节奏。

(三) 跨学科学习与综合素质培养需求

跨学科学习在外语专业中越来越受到重视，因为它可以帮助学生更全面地了解语言在不同领域的应用。例如，外语与国际关系、商务、法律和文化研究的结合，可以让学生在这些领域中更好地运用语言技能。这种跨学科的课程设计有助于培养学生的综合素质和专业能力。外语专业可以通过多种方式培养学生的综合素质。首先，学校可以与其他专业合作，开设跨学科课程，让学生在学习语言的同时了解其他领域的知识。其次，学校可以组织跨学科项目，让学生在实践中应用所学知识，提高解决实际问题的能力。此外，教师应鼓励学生参与实习、研究和志愿者活动，以培养他们的综合素质和社会责任感。培养学生的综合素质不仅有助于他们在未来职业生涯中取得成功，还可以促进他们的个人发展和增强他们对社会的贡献能力。因此，外语专业应将综合素质培养作为教学的重要目标之一，以确保学生在语言学习的同时获得全面的发展。

(四) 外语专业学生的就业与职业发展

外语专业学生的就业现状受到多个因素的影响，包括全球化、科技发展和行业需求的变化。外语专业学生在国际贸易、翻译、教育、媒体和政府机构等领域具有广泛的就业机会。然而，随着市场竞争的加剧，外语专业学生面临着提高自身竞争力的挑战。提高学生的就业竞争力与职业发展能力是外语专业教学的重要任务。首先，学校应提供就业指导和职业规划服务，帮助学生了解行业趋势和就业机会。其次，学校可以与企业和行业组织合作，提供实习和实践机会，让学生在真实的工作环境中积累经验。最后，学校应

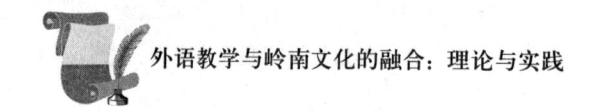

鼓励学生获得相关资格认证,如翻译证书和教学资格证书,提高学生在就业市场的竞争力。外语专业还应注重培养学生的软技能,如沟通、团队合作和领导能力。这些软技能在现代职场中同样重要,可以帮助学生在工作中取得更好的表现。学校可以通过课程、工作坊和活动等方式,培养学生的这些软技能。

第二章　外语教学中的文化教育

外语教学中的文化教学是提升学生语言学习体验和跨文化交际能力的重要途径。在外语学习过程中，文化教学有助于学生理解语言背后的文化内涵，培养其对目标语言国家文化的敏感性和尊重。本章首先探讨外语教学中的文化教学，通过展示不同文化元素如何融入外语课堂，提升学生对目标语言的全面认知；其次分析外语教学中的母语迁移问题，探讨学生在学习外语时如何受到母语影响以及如何合理地应对；最后研究外语教学中的文化因素，揭示语言学习与文化认知之间的互动关系。

第一节　外语教学中的文化教学

文化教学是指在外语教学中，将目的语国家的文化知识、文化理解、文化交际技能等作为教学内容，融入语言教学中，使学生掌握目的语国家的文化知识，提高跨文化交际能力的过程。文化教学不仅包括文化知识的学习，还包括文化意识的培养和文化交际技能的训练。外语教学的宗旨在于培育学生的语言应用技巧，使他们能用外语进行高效沟通。语言与文化之间存在着紧密关联，语言不仅是文化的载体，更是文化的重要组成部分。因此，在外语教学中，若仅侧重语言知识的传授，而忽略文化教育的成分，学生即便掌握语法规则、词汇运用等语言知识，也可能因缺乏文化背景知识而难以实现有效交流。同时，文化教育有助于拓展学生的全球视野和跨文化交际能力，使他们更好地适应全球化社会环境。

一、外语教学中文化教学的思路

(一) 将文化知识融入外语教学

在外语教学过程中,将文化知识与语言教学相结合是一种有效的方法,能够帮助学生在学习语言的同时更好地理解和掌握目的语国家的文化背景、价值观念和社会习俗。这种结合不仅提高了学生的语言技能,还拓展了他们的文化视野,增进了他们对不同文化的理解和尊重。

在词汇教学中,教师可以巧妙地引入文化内涵。例如,在教授某个词汇时,教师可以简要介绍该词汇在目的语国家中的文化内涵、历史背景以及在不同语境下的使用情况。通过这种方式,学生在学习词汇的同时,也能够深入了解与之相关的文化知识,增加对目的语国家文化的认知。这种教学方法不仅可以加深学生对词汇的理解,还可以让学生领会到词汇在不同文化背景下的特殊含义,从而更好地运用所学语言。

在语法教学中,教师可以借助自身的文化背景分析不同文化语言表达方式的差异。例如,通过对比目的语国家和本国在家庭观念、友谊、礼仪等方面的差异,教师可以帮助学生更好地理解语言表达方式的文化内涵。这种对比分析可以让学生意识到不同文化背景下的语言表达方式和习惯的不同,进一步提高他们的跨文化交际能力。通过这种方法,学生可以更好地掌握外语的语法知识,并在实际应用中更加灵活地应对各种语言情境。

此外,教师还可以通过举办各类文化活动,如目的语国家文化讲座、外语角、跨文化交际研讨会等,让学生在课堂之外接触到目的语国家的文化。这些活动为学生提供了更多的机会去体验和学习目标语言的文化环境。通过参与这些活动,学生可以更好地理解目的语国家的文化特点、价值观念和社会习俗,从而更全面地掌握外语。这种学习方式不仅拓展了学生的文化知识,还为他们提供了实际运用所学语言的机会。

(二) 加强学生的文化意识培养

在外语教学过程中,教师的角色至关重要,他们不仅需要关注学生的语言技能的提升,更需要重视培养学生的文化意识。文化意识是指个体对文

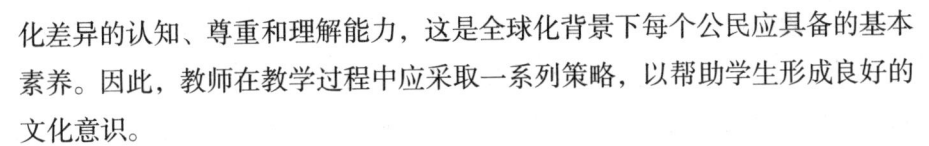

化差异的认知、尊重和理解能力，这是全球化背景下每个公民应具备的基本素养。因此，教师在教学过程中应采取一系列策略，以帮助学生形成良好的文化意识。

1. 引导学生关注文化差异

在外语教学中，尤其当今社会面临全球化，加强培养学生的文化意识至关重要。文化意识是指学生对不同文化的认知、尊重和理解能力，能够帮助学生在学习外语的同时，更好地适应和融入多样化的文化环境。教师在教学过程中，首要任务是引导学生关注文化差异，这不仅有助于提升学生的语言技能，还能拓宽他们的文化视野。教师应通过多种方式引导学生关注文化差异。

（1）教师可以在课程设计中，让学生通过对比分析，深入了解不同文化背景下的差异。文化差异体现在语言表达方式、社会习俗、价值观念等多个方面。例如，在语言表达方面，教师可以通过教授各种不同文化中的礼仪用语、称谓方式、沟通技巧等，从而帮助学生掌握不同文化之间在言语交际中的习惯和规范。

（2）教师可以通过举办文化相关的活动，让学生亲身体验和感受文化差异。例如，组织学生观看外语电影，这不仅能让学生接触到目的语国家的语言和文化，同时还能让他们观察到不同文化的生活方式、社会结构和价值观念。教师还可以推荐学生阅读不同国家的文学作品，通过作品对文化背景的描述，让学生对目的语国家的历史、社会和文化产生更深入的了解。

（3）教师可以鼓励学生参与跨文化交流活动，如与国外的学生进行线上交流，或者邀请目的语国家的交换生到课堂中与学生互动。通过这些实践活动，学生能够在真实的文化环境中运用所学语言，进一步加深对目的语国家文化的理解。

2. 帮助学生提高文化敏感性

在外语教学中，加强学生的文化敏感性是培养其成为具有跨文化沟通能力人才的关键。文化敏感性，指的是个体在面对文化差异时，能够迅速发现、理解和适应这些差异的能力。通过提高学生的文化敏感性，教师可以帮助他们更好地应对跨文化情境，避免由于文化差异而引发的误解和冲突。

（1）教师可以通过深入讲解文化背景来提高学生的文化敏感性。在教学过程中，教师应向学生介绍目的语国家的历史、宗教、政治、社会习俗等文化背景，让学生了解这些背景是如何影响语言和行为的表达方式的。例如，教师可以通过具体的例子，说明不同文化对礼仪、时间观念、家庭关系等方面的看法和做法，从而帮助学生建立正确的文化认知。

（2）教师可以传授跨文化沟通技巧，以提升学生的文化敏感性。这包括引导学生理解非语言沟通的不同方式，如面部表情、手势、身体语言等，以及它们在不同文化背景下的含义。此外，教师还可以教授学生如何识别和适应不同文化中的沟通习惯，如直接或间接的表达方式、礼貌用语的使用等。这些技巧能够帮助学生在跨文化交流中进行更加得体、有效的沟通。

（3）教师可以通过组织学生参与跨文化交流活动，使学生实际运用所学知识，来帮助学生提高文化敏感性。这些活动可能包括与来自不同文化背景的学生或专家的对话，或者模拟在不同文化情境下的交际场景。在这些活动中，学生可以亲身体验不同文化下的沟通方式和习俗，从而更好地理解文化差异。

（4）教师应鼓励学生反思自己的文化偏见和刻板印象，并通过引导学生分享自己的文化经验和观点，促进他们之间的相互理解和尊重。这种对话可以帮助学生意识到文化差异的存在以及自身的文化敏感性水平，并激发他们进一步提高自己的文化敏感性。

3. 培养学生尊重文化差异的能力

在外语教学中培养学生对文化差异的尊重不仅是为了帮助学生更好地理解外语，也是为了培养他们作为全球公民应具备的素养。在教学过程中，教师需要以平等、开放的态度对待每一种文化，为学生树立良好的榜样。通过展示对不同文化的尊重，教师可以帮助学生认识到每一种文化都有其独特性和合理性。尊重文化差异不仅是一种态度，更是一种认知。教师应鼓励学生以开放的心态去认识和接受不同文化的价值观、信仰、传统和习俗。在教学中，教师可以通过对比分析不同文化之间的差异，让学生意识到这些差异背后的文化根源。例如，通过比较不同文化中的家庭观念、婚姻制度、礼仪习惯等，学生可以更深入地了解各种文化之间的多样性。

教师可以利用实际案例和情景模拟，让学生体验不同文化下的交际情境。例如，模拟在不同文化背景下的社交场景，让学生学习如何尊重对方的文化习惯，并采取合适的沟通方式。这样的活动不仅可以增强学生对文化差异的理解，还可以提高他们的跨文化沟通能力。通过引导学生参与跨文化交流活动，教师可以帮助学生建立对不同文化的尊重。例如，组织学生与来自不同文化背景的学生进行交流，或者邀请外籍人士到课堂中分享他们的文化经验。这种直接接触不同文化的机会，可以让学生更直观地感受到文化差异的存在，以及尊重不同文化的重要性。

外语教学中文化教学的认知对于提高外语教学质量、培养具有全球视野的人才具有重要意义。在外语教学中，教师应充分认识到文化教学的重要性，将文化知识融入语言教学中，创设文化交际情境，培养学生的文化意识和跨文化交际能力。同时，教师还应关注文化差异带来的挑战和教学资源有限的问题，积极采取措施加以应对。通过不断改进和完善外语教学中的文化教学，我们可以为培养具有全球视野、跨文化交际能力的人才作出积极的贡献。

(三) 积极创设文化交际的情境

在外语教学过程中，教师的核心任务不仅是帮助学生在课堂上学习语言和文化知识，还要让他们在实际交际中运用这些知识，以提高他们的跨文化交际能力。为了实现这一目标，教师需要积极创设文化交际的情境，通过多种形式的教学活动，为学生提供在轻松愉快的氛围中练习跨文化交际的机会。

第一，教师可以设计一系列具有实际情境的角色扮演活动，让学生在模拟的文化交际情境中亲身体验不同文化背景下的沟通方式。例如，学生可以扮演目标语言文化中的不同角色，如家庭成员、职场同事、商店顾客等，在这些情境中体验不同文化在日常沟通中的不同表现。通过角色扮演，学生可以在实际语境中学会尊重和理解不同文化，提高自身的跨文化交际适应能力。角色扮演不仅能帮助学生学会在特定文化背景下的沟通技巧，还能培养他们对不同文化的理解和尊重。

第二，教师可以通过模拟对话活动为学生提供一个实践跨文化交际的机会，在这些活动中，学生可以模拟实际生活中的各种场景，如购物、用餐、旅行等，学习在不同文化背景下如何进行得体的沟通。通过模拟对话，学生可以练习如何在各种文化情境中进行有效的交流，包括如何询问问题、表达观点和解决问题。这种实践性强的教学活动有助于学生在外语实践中提高跨文化交际能力，并增强他们在实际生活中应用所学语言和文化知识的信心。

第三，教师可以利用多媒体手段，如影片、音频和网络资源，为学生展示不同文化背景下的交际实例。这些真实案例可以帮助学生直观地了解文化差异，观察不同文化下的沟通方式、礼仪和习俗。通过对比分析这些实例，学生可以进一步提高自己的跨文化交际能力。多媒体教学手段还可以帮助学生更好地理解语言在不同文化情境下的使用，从而提高他们在实际生活中应用语言的能力。

第四，教师可以通过组织学生参与跨文化交流活动，如与外国学生的交流项目、国际文化节、线上交流等，让学生在真实的跨文化环境中应用所学知识。这些活动不仅能拓宽学生的文化视野，还能帮助他们建立与来自不同文化背景的人的友谊。通过参与这些活动，学生可以更好地理解不同文化之间的差异，学会如何在多元文化环境中进行有效沟通。

二、外语教学中文化教学的方法

（一）文化讲解的方法

在外语教学中，文化讲解作为一种普遍的教学方法正日益受到教师和学生的重视和喜爱。这种方法将文化知识融入语言学习，使学生在掌握语言技能的同时，深入体验目标语言的文化内涵。文化讲解通过在语言教学中加入文化介绍和讨论，其核心理念是语言与文化不可分割，学习一门语言意味着理解和掌握相关的文化背景。通过文化讲解，教师可以帮助学生更好地理解和运用目标语言，增强他们的跨文化交际能力。

文化讲解的教学优势包括：①提高语言理解能力。了解目标语言的文化背景，有助于学生更好地理解和掌握语言知识点，降低在学习过程中可能出现的误解。②激发学习兴趣。文化讲解使语言学习变得生动有趣，有利于激发学生的学习兴趣和积极性。③培养跨文化交际能力。在全球化背景下，具备跨文化交际能力的人才备受青睐。通过文化讲解，学生能够更好地适应不同文化背景下的交际需求。④拓宽知识视野。文化讲解有助于学生了解不同国家的风俗习惯、历史传统和价值观念，拓宽知识视野。

在实际教学过程中，教师可以采用多种形式进行文化讲解，具体包括：①故事分享。通过讲述寓意丰富的故事，让学生在领略语言魅力的同时，感受文化的魅力。②影片欣赏。选取与目标语言文化相关的影片，让学生在观看影片中学习语言，了解文化。③主题活动。组织与文化相关的主题活动，如节日庆祝、习俗体验等，让学生在实践中感受和理解文化。④小组讨论。引导学生就文化现象进行小组讨论，培养学生的思辨能力和跨文化交际能力。

综上所述，文化讲解是一种层次清晰、逻辑严谨的教学方法，有助于提高学生的语言综合素质。通过文化讲解，学生在学习语言的过程中，能够更好地了解和感受目标语言的文化内涵，为跨文化交际奠定坚实的基础。在今后的语言教学中，我们应继续探索和优化文化讲解的方法，以期提高教学质量，培养更多具备跨文化交际能力的人才。

(二) 文化对比的方法

文化对比在语言学习中也十分重要，通过对比母语文化和目标语言文化的异同，学生能够更深入地理解目标语言的文化特征。这种方法有助于学生更准确地掌握目标语言中的文化元素，避免在跨文化交流中出现误解。

第一，文化对比有助于增强学生对目标语言文化差异的认识。母语文化和目标语言文化之间的差异可能涉及价值观、习俗、风俗等方面。了解这些差异有助于学生更好地适应目标语言文化，使其在实际交流中更加自信。

第二，文化对比有助于学生掌握目标语言中的文化内涵。语言是文化的载体，蕴含着丰富的文化信息。通过对比母语和目标语言的文化特点，学生可以更好地把握目标语言的内涵，使自己的语言表达更加地道。

第三，文化对比有助于培养学生跨文化交际的能力。在全球化背景下，跨文化交际能力已成为一项重要的技能。通过对比母语文化和目标语言文化，学生可以学会如何在不同文化背景下进行有效沟通，提高自己的跨文化交际能力。

第四，文化对比有助于消除跨文化交流中的误解。误解往往源于文化差异。通过对母语文化和目标语言文化进行对比，学生可以更好地理解对方的文化特点，从而避免在交流中产生误解，提高沟通的效率。

文化对比是一种有效的语言学习方法，它有助于学生深入了解目标语言文化，提高跨文化交际能力。在语言教学中，教师应充分利用文化对比这一手段，帮助学生克服跨文化交流中的障碍，使其在实际应用中更加自信地运用目标语言。同时，学生也应主动进行文化对比，提高自己的语言素养，为跨文化交流做好充分的准备。

(三) 文化体验的方法

文化体验在语言学习过程中发挥着关键作用。它不仅有助于学生更深入地理解和掌握目标语言，还能让他们更全面地了解和尊重目标语言国家的文化。为了达到这一目标，教育者可以采用多种方法营造真实且互动的目标语言文化环境。

第一，组织学生参加目标语言国家的文化节日活动是一种很好的方式。这样，学生们可以在亲身体验中感受到目标语言国家的风俗习惯和民族精神。例如，在我国举办的德国啤酒节、法国电影节等活动，让学生们置身于浓厚的异国氛围中，从而激发他们对目标语言的学习兴趣。

第二，观看目标语言国家的电影、音乐等也是文化体验的重要途径。通过观赏这些作品，学生们可以直观地了解目标语言国家的价值观、思维方式和审美观念。此外，还可以引导学生关注一些反映社会现象和人文关怀的影片，如关注环保问题的纪录片、探讨家庭关系的剧情片等，以便让学生从多个角度了解目标语言国家的文化。

第三，教育者们还可以通过创设虚拟现实场景，让学生在线上线下相结合的方式中体验目标语言文化。例如，搭建一个虚拟的外国小镇，让学生们在其中扮演角色，模拟购物、就餐等日常场景。这样，学生们在实际操作中不仅可以提高口语表达能力，还能深入了解目标语言国家的日常生活。

第四，鼓励学生与目标语言国家的母语人士进行交流也是文化体验的重要一环。通过与母语人士互动，学生们可以直观地感受到目标语言的运用规律，并在实际交流中提高自己的语言能力。教育者们可以组织一些语言交流活动，如座谈会、语言角等，让学生有机会与母语人士面对面交流。

文化体验是语言学习中不可或缺的一部分。通过多种途径让学生亲身感受并理解目标语言的文化，有助于提高他们的语言综合素质，同时也能够丰富他们的跨文化交际能力。在教育实践中，教育者们应积极探索和尝试，为学生营造更加真实、多样的文化体验环境。

（四）文化交流的方法

文化交流在教育领域具有重要意义。它旨在促进学生与目标语言国家的人直接进行交流，以提高他们的语言技能和跨文化沟通能力。为实现这一目标，可以采用多种方式，如与外籍教师、留学生或目标语言国家的当地人进行对话和互动等。

第一，与外教进行交流是一种非常有效的手段。外教不仅能够为学生提供地道的目标语言学习资源，还能向他们传授跨文化交际的技巧。通过与外教的互动，学生可以在真实语境中锻炼语言运用能力，提高口语和听力水平。此外，外教还可以帮助学生了解目标国家的文化背景，使他们在语言学习的过程中，更好地理解和尊重不同文化。

第二，留学生也是文化交流的重要载体。留学生来自世界各地，他们拥有丰富的文化知识和经验。与留学生交流可以让学生更加直观地感受到不同文化的魅力，拓宽他们的视野。同时，留学生还可以分享自己在异国他乡的学习和生活经历，为学生提供宝贵的经验和启示。

第三，与目标语言国家的当地人进行交流是提高跨文化交际能力的重要途径。这种交流方式可以使学生真正融入目标语言国家的日常生活中，亲身体验当地的风土人情。通过与当地人交流，学生可以加深对目标语言国家文化的理解，提高自己的跨文化适应能力。

许多学校已经开展了丰富多彩的文化交流活动，如外语角、国际交流周等，这些活动旨在为学生提供一个实践跨文化交际的平台，培养他们的国际视野。此外，学校还可以与国外学校建立姊妹校，开展线上与线下相结合的交流项目，让学生在课堂之外也能感受到异国文化。

（五）文化阅读的方法

在全球化时代，掌握外语不仅能够提高个人的综合素质，还能拓展国际视野。为深入了解目标语言国家的文化、历史和社会习俗,文化阅读成为一种关键的学习方式。

第一,深入阅读,了解目标语言国家的文学魅力。文学作品是反映一个国家文化的重要载体。阅读目标语言国家的文学作品,有助于了解当地人的思维方式、价值观念和审美情趣。通过分析作品中的主题、情节和人物,可以感受到目标语言国家的文化底蕴,进一步提高学生的语言修养。

第二,研读历史,探寻目标语言国家的文明发展轨迹。历史是一个国家文化的基石。通过阅读目标语言国家的历史书籍,可以了解这个国家的历史沿革、文化传承以及社会变革。同时,对比我国的历史文化,我们可以发现两者之间的异同,从而加深对目标语言国家文化的理解。

第三,关注时事,掌握目标语言国家的社会动态。报纸杂志是反映一个国家社会现实的重要媒介。阅读目标语言国家的报纸杂志,可以帮助我们了解当地的政治、经济、教育、科技等方面的发展状况。此外,通过阅读时事文章,我们还可以提升自己的语感和阅读速度,提高阅读能力和词汇量,培养跨文化交际的能力。

总而言之,文化阅读是一种非常有效的学习方法。通过阅读目标语言国家的文学作品、历史书籍、报纸杂志等,可以深入了解目标语言国家的文化内涵,提高阅读能力和词汇量。在不断探索和学习的过程中,我们的综合素质和跨文化交际能力也将得到不断提升。

(六) 文化实践的方法

文化实践在外语学习过程中至关重要,通过组织学生参与目标语言文化紧密相关的活动,如烹饪、手工艺、舞蹈等,让学生亲身体验目标语言文化的独特魅力。这种方法不仅能激发学生的学习兴趣和积极性,还能在实际应用中提升他们的语言能力和跨文化交流能力。

第一,文化实践能够激发学生的学习兴趣。学习一门语言,不仅仅是掌握语法和词汇,更需要了解背后的文化底蕴。通过参与实践活动,学生能够更加直观地感受到目标语言文化的魅力,从而提高他们对语言学习的热情。

第二,文化实践有助于提高学生的语言应用能力。在实践活动过程中,学生有机会在实际场景中运用所学语言进行沟通,这有助于他们将语言知识从课堂转化为实际应用。

第三,文化实践能够提升学生的跨文化交际能力。在全球化背景下,掌握跨文化交际能力已成为一项重要技能。通过参与实践活动,学生能够更好地了解和尊重不同文化背景下的行为规范和价值观,从而在实际交际中避免文化冲突。

综上所述,文化实践作为一种有效的教学方法,能够激发学生的学习兴趣,提高他们的语言应用能力和跨文化交际能力。在我国语言教育中,应充分重视文化实践的作用,将其融入课堂教学,以培养具有国际视野和跨文化交际能力的人才。通过开展丰富多样的文化实践活动,让学生在轻松愉快的氛围中感受语言文化的魅力,为他们的终身学习和全面发展奠定坚实的基础。

第二节 外语教学中的母语迁移

一、外语教学中母语迁移的理论基础

(一) 语言学理论中的母语迁移

第一,对比分析假说。对比分析假说认为,母语迁移是外语学习过程中不可避免的现象。根据这一假说,学习者在目标语言中表现出的错误往往源自母语和目标语言之间的差异。通过比较母语和目标语言的结构特点,学习者可以预测哪些方面容易出现问题,哪些方面可以利用母语迁移来帮助学习。这种假说强调对母语和目标语言的对比研究,以指导教学和设计有效的教学方法。

第二,错误分析理论。错误分析理论是研究学习者在目标语言中表现出来的错误的一种方法。这一理论强调识别学习者在目标语言中的错误,并分析其原因。这些错误可能源于母语迁移,但也可能是由于目标语言的复杂性或其他因素造成的。通过分析错误,教师可以了解学生在目标语言中的难点,从而调整教学策略,以帮助学生克服困难。

第三,中介语理论。中介语理论将学习者在目标语言中表现出来的语

言形式视为一种介于母语和目标语言之间的过渡性语言，这种中介语受到母语迁移的影响，但也受到学习者对目标语言的认知和学习策略的影响。中介语理论强调学习者在学习目标语言过程中不断调整和改进自己的语言表现，从而逐渐接近目标语言的标准。

(二) 心理学理论中的母语迁移

第一，认知心理学与母语迁移。认知心理学研究学习者在外语学习过程中的思维和认知机制。母语迁移在认知心理学中被视为学习者利用已有知识和经验来理解和学习目标语言的方式。这种迁移可以帮助学习者更快地掌握目标语言，但也可能导致错误出现。认知心理学研究如何通过调整学习者的认知策略来减少母语迁移的负面影响，提高学习效果。

第二，情感因素与母语迁移。情感因素在外语学习过程中起着重要作用。学习者的情感状态、动机和自信心可能影响他们对母语迁移的依赖程度。例如，学习者在目标语言中遇到挑战时，可能会转向母语迁移来寻求安慰和熟悉感。然而，过度依赖母语迁移可能妨碍学习者对目标语言的全面掌握。因此，教师应关注学生的情感状态，并提供支持和鼓励，以促进他们的外语学习。

二、外语教学中母语迁移的主要表现

(一) 语音层面的母语迁移

第一，发音习惯的影响。母语发音习惯在外语学习中可能导致一些问题。学生往往将母语的音节结构、发音规则和音素系统应用到目标语言中。这可能导致语音误差，例如，将母语中不存在的音素替换成较接近的目标语言音素，或误用目标语言的重音和节奏。

第二，音节和语调的转移。母语的音节结构和语调特征也可能迁移到目标语言中。学生可能会将母语的重音模式、节奏和韵律带到目标语言，从而导致语音上的不自然。此外，学生可能在目标语言中使用母语的语调模式，影响沟通的准确性和流畅性。

(二) 词汇层面的母语迁移

第一，词义的不对等。母语中的词汇与目标语言中的词汇在意义上可能不完全对应。学生可能误用词汇的意思或应用不当，从而导致交流中产生误解。例如，一个词在母语中可能有特定的文化或社会内涵，而在目标语言中则没有。

第二，文化负载词的误解。目标语言中可能存在一些文化负载词，这些词汇在特定的文化背景下具有特殊的含义。学生可能无法完全理解这些词汇背后的文化内涵，从而导致对话中的误解或误用。

(三) 语法层面的母语迁移

第一，句子结构的差异。母语和目标语言在句子结构上可能存在明显的差异。学生可能会试图将母语的句子结构应用到目标语言中，导致句子结构的错误。例如，学生可能在目标语言中使用母语的句法规则，导致句子不符合目标语言的语法规范。

第二，时态、语态等语法的误用。学生可能在目标语言中误用时态和语态，因为母语和目标语言在这些方面的规则可能不同。这种误用可能导致时态和语态表达不准确，从而影响句子的清晰度和理解程度。

(四) 交际层面的母语迁移

在交际中，学生可能会将母语的语言应用习惯迁移到目标语言中。这可能导致语言礼仪和文化规范的误用，如问候、告别和请求等。这种误用可能影响以母语为目标语言的人之间的沟通，从而导致不必要的误解和障碍。

三、外语教学中母语迁移的双重作用

母语迁移在外语教学中扮演着双重角色，既可以促进学生对目标语言的理解和掌握，又可能对学生在目标语言中的表现造成负面影响。母语迁移的作用不仅取决于学生的语言背景和目标语言的性质，还受到教学方法和环境的影响。以下将探讨母语迁移在外语教学中的积极作用和负面影响。

(一) 母语迁移的积极作用

第一，促进理解与提高学习速度。母语迁移在外语教学中可以起到加速学习过程的作用。当学生在目标语言中遇到与母语相似的词汇、语法结构或语音特征时，他们可能会利用母语的知识来帮助理解目标语言。这种迁移可以提高学生的学习速度和效率，因为他们可以通过比较两种语言的相似之处来快速掌握新知识。

第二，作为学习策略的一种。母语迁移还可以作为学生的一种学习策略，帮助他们在目标语言中建立联系。例如，学生可能通过将母语中的词汇与目标语言中的词汇进行对比，或将母语的语法结构应用到目标语言中，以便更好地理解和记忆目标语言的内容。这种策略可以提高学生的信心和主动性，从而促进外语学习的成功。

(二) 母语迁移的负面影响

第一，形成"化石化"现象。母语迁移可能导致学习者形成"化石化"现象❶，这种现象可能是由于学习者依赖母语迁移作为一种快捷的学习方式，而没有花费足够的时间和精力去纠正目标语言中的错误表达。这种"化石化"现象可能影响学习者在目标语言中的准确性和流利性。

第二，干扰目标语言的学习。母语迁移还可能干扰学习者对目标语言的学习。当学习者过度依赖母语迁移时，他们可能会误解目标语言中的复杂结构和文化内涵。这种干扰可能导致学习者在目标语言中出现语法、词汇和语言应用上的错误，从而影响他们的沟通能力和交际效果。

为了最大程度地发挥母语迁移的积极作用，并减少其负面影响，外语教学应重视对学习者的个体差异和母语背景的关注，采取适当的教学策略和方法。例如，通过对比分析和纠正错误的方法，引导学生正确理解和掌握目标语言的特点。同时，教师应鼓励学生发展自己的语言学习策略，以便在外语学习中取得更好的效果。

---

❶ "化石化"现象，即在目标语言中重复使用不正确的语言形式。

四、外语教学中关于母语迁移的注意事项

"外语教学中,母语迁移现象是一个普遍的、必然的认知过程。"❶ 尽管母语迁移不可避免,但通过有效的教学策略和方法,教师可以最大限度地减少其负面影响,促进正迁移发挥作用,从而提高外语教学的成效,具体需要注意以下三方面:

第一,注重对语际共性和异性的平衡。在第二语言习得中,语际共性是促进第二语言学习的重要因素。教师应平衡对语际共性和异性的讲解,从而在教学方法上取得最优效果。通过详细分析和对比母语与目标语的子系统,教师可以突出两者的共性,这有助于增强学生的信心和学习动机。同时,如果教师仅强调两种语言之间的差异,学生可能会形成错误的概念,认为母语在外语学习中只会带来障碍。在外语教学中,教师可以通过引入实际的例子和对比分析来展示母语和目标语之间的共性和差异。例如,在讲解语法和句法结构时,教师可以展示两种语言在某些方面的相似之处,以及在其他方面的不同之处。这种方法不仅能够提高学生对目标语的理解,还能帮助他们在学习中更加灵活地应用所学知识。

第二,减少汉语的使用比例,营造外语交际环境。为强化外语交际,教师应在有限的教学时间内尽量减少使用汉语,给学生创造更多接触和使用外语的机会。通过这种方式,学生可以逐渐养成外语思维和交流的习惯,增强运用外语进行理解和表达的能力。例如,教师可以在课堂上采用沉浸式教学法,让学生尽可能多地使用目标语。教师可以引导学生参与讨论、演讲和对话,鼓励他们用目标语表达观点。通过这种方式,学生可以在实际情境中练习外语,从而更好地克服来自母语的负迁移干扰。

第三,提高学生对母语知识和文化的敏感性。尽管强调外语的学习重要,但教师也应鼓励学生不要忽视母语知识和文化的学习。这种平衡有助于学生提高对文化差异的敏感性,进而增强他们的跨文化交际能力。教师可以通过引导学生比较母语和目标语的文化和习俗,帮助他们理解两者之间的异同。通过培养学生的形象思维、逻辑思维和判断能力,教师可以进一步促进学生外语学习能力的提高。这种方法不仅增进了学生对目标语的理解,还帮

---

❶ 赵荣. 正视外语教学中的母语迁移 [J]. 教学研究,2017,40(1):72.

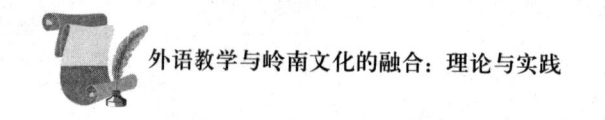

助他们更好地应对跨文化交流中的挑战。

第三节 外语教学中的文化因素

一、外语教学中的语言结构文化

语言是人类交流的重要工具，同时也是文化的载体。语言结构文化，即语音、词汇、句法和语篇的构造所体现的文化特征，它在很大程度上反映了不同文化对世界的理解和表达方式的差异。在外语教学中，教师需要关注并引导学生理解这些语言结构文化的特点，以便更准确地理解和运用外语。

(一) 语音文化

语音是语言的基本组成部分，不同语言在发音规则、声调和语调上各不相同，这些差异不仅仅是语言自身的特点，也反映了语言背后所承载的文化对声音的认知和审美。外语教学中的语音训练不仅仅是教授学生如何正确发音，更是让学生领略不同语言文化中的声音艺术和美感。

第一，发音规则与文化认知。不同语言的发音规则是文化认知的重要体现。例如，一些语言可能强调音节的强弱、长短和声调变化，而其他语言可能更注重声母和韵母的结合。这些发音规则背后蕴含了特定文化对语言节奏、韵律和表达方式的偏好。通过学习目标语言的发音规则，学生可以更好地理解目标语言文化中的声音美感。

第二，音调和语调的文化内涵。音调和语调是语言表达中不可或缺的部分。不同文化中的语调有着各自独特的表达方式，反映出文化对语境和情感表达的理解。教师在外语教学中应当引导学生掌握目标语言的语调特点，使他们在语言表达中更准确地传达意图和情感。例如，在一些语言中，声调的变化可能传递不同的问句、肯定句或否定句，而在其他语言中，这些表达方式可能依赖于句子的结构和词汇选择。通过学习这些不同的音调和语调，学生可以更好地理解目标语言中的文化内涵。

第三，发音训练与跨文化交际。外语教学中的发音训练不仅是教授学生正确发音的技巧，更是让学生适应目标语言文化中的交际习惯。例如，不同语言在对待音节重音、连读和断音等方面有着不同的文化规范。教师应当通过示范和纠正，帮助学生掌握目标语言的这些发音特征，使他们在跨文化交际中更加自然、流畅。

第四，语音与语言的音乐性。不同语言在发音上呈现出不同的音乐性，这种音乐性不仅是一种美学特征，还是一种语言表达的艺术。例如，某些语言以抑扬顿挫的声调为特色，而其他语言则注重平稳和谐的语调。通过教授学生目标语言的音调、节奏和韵律，教师可以让学生更好地欣赏目标语言的音乐性，增强他们对语言文化的感受力。

第五，文化敏感性与语音学习。语音学习与文化敏感性密切相关。学生在学习外语语音时，教师应引导他们理解不同文化对声音的审美和表达方式的差异。这种理解有助于学生在跨文化交际中更加得体地使用目标语言，同时尊重不同文化的语音特点。

（二）词汇文化

词汇是语言的基本组成部分，它不仅是语言的建筑材料，更是承载着丰富文化信息的载体。不同语言的词汇在含义和用法上往往存在显著差异，这些差异反映了文化对现实世界的认知和价值观。外语教学中的词汇文化旨在让学生理解这些差异，并学会在恰当的文化背景和语境下使用目标语言的词汇。

第一，词汇文化的复杂性。不同语言的词汇文化的复杂性体现在其多样的含义和用法上。例如，汉语中的"面子"一词在外语中很难找到对应的词汇，因为它涉及中国文化中特有的社交礼仪和价值观。类似地，其他语言中的一些词汇也可能难以直接翻译，因为它们与特定文化中的历史、习俗和信仰紧密相联。这种复杂性对学生的学习提出了挑战，但也为他们提供了深入了解目标语言文化的机会。

第二，词汇的文化内涵。词汇的文化内涵体现在许多方面，包括历史背景、社会习俗和价值观。例如，某些词汇可能源于特定历史事件或文化习俗，学生通过学习这些词汇的起源和发展，可以更好地理解目标语言文化的历史和社会背景。此外，一些词汇可能在不同文化中有不同的含义或用法，教师需要引导学生注意这些细微差别，以避免在交流中产生误解。

第三，恰当使用目标语言词汇。在外语教学中，教师需要帮助学生掌握目标语言词汇的恰当含义和场合。不同文化中的词汇可能在不同语境中有不同的使用规则。例如，一些词汇在特定文化中可能具有敬意、幽默或讽刺等特殊意义，学生需要了解这些文化细节，以便在目标语言中更准确地表达自己。此外，教师还应强调一些词汇在不同文化中的礼仪和禁忌，以确保学生在交际中懂得分寸。

第四，词汇文化的跨文化交际。词汇文化在跨文化交际中起着至关重要的作用。教师应强调学生在跨文化交际中使用词汇时的敏感性，帮助学生理解不同文化对语言的期望和礼仪。例如，学生需要了解目标语言中敬语和非敬语的区别，以及在特定场合下应使用的词汇和表达方式。这种理解可以帮助学生在不同文化背景下进行更得体、有效的交际。

(三) 句法文化

句法是语言的组织规则，涉及语句结构、词语顺序和逻辑关系等多个方面。这些规则体现了文化对语言表达方式的处理方式和审美观念。不同语言的句法规则存在显著差异，这些差异不仅反映了各自文化对逻辑、信息呈现和沟通方式的偏好，也直接影响到学生在目标语言中的表达和理解。在外语教学中，教师要关注句法文化的差异，引导学生正确运用目标语言的句法规则，以达到有效沟通的目的。

第一，句法规则的文化特征。不同语言的句法规则蕴含着各自文化的特征。英语句法结构较为严格，反映了英语文化中的直接性和清晰性。英语句子通常强调主语-谓语-宾语的句子结构，句子成分的位置较为固定。例如，"I read a book"中的每个成分都有固定的位置，改变顺序会导致句子不通或意义变化。英语句法的这种严谨性反映了西方文化中重视逻辑推理和个人主义的思维方式。而在其他一些语言中，如汉语，句法结构较为灵活，强调主语、谓语、宾语的词序多样性。例如，"我昨天看了一本书"和"昨天我看了一本书"，两者表达的意思基本相同，但侧重点不同。这种灵活性反映了汉语使用者注重整体语境和语义连贯的思维方式。

第二，句法文化的表达方式。不同语言在句法上的差异还体现在表达方式上。例如，一些语言偏好使用被动语态，而其他语言则倾向于使用主动语态。这些表达方式反映了语言背后文化对角色、责任和行动的看法。此外，语句的长短、信息密度以及连贯性等方面也受到文化的影响。例如，英语中的句子结构常常较短，信息密度高，强调简洁明了的特征；而在一些其他语言中，如德语，句子结构可能较长，信息复杂，强调连贯性和逻辑严密性。

第三，句法文化与语言表达的精准性。掌握目标语言的句法规则对于学生在外语表达中实现精准性和流畅性来说至关重要。正确使用目标语言的句法结构可以使学生在交流中表达清晰、得体，并有效传递信息。教师可以通过设计多样化的练习，如句子重组、句法转换和句子延展等，让学生在实际操作中熟悉目标语言的句法结构。

第四，跨文化交际中的句法应用。掌握目标语言的句法规则在跨文化交际中起着关键作用。正确的句法运用可以帮助学生在不同文化背景下进行有效沟通，避免因语言表达不当而产生误解。教师应引导学生在跨文化交际中注意目标语言句法的特点，如礼貌表达、语气调整和信息组织等，这种指导可以帮助学生在全球化环境中更加得体地与他人交流。

(四) 语篇文化

语篇是表达完整意义的语言单位，它是通过语言表达的一系列语句的组合，反映了文化对信息传递、论证方式和思想组织的影响。不同语言在语篇构造方面具有独特之处，这些差异体现了不同文化对叙事、论证和交流方式的偏好。在外语教学中，教师需关注目标语言中的语篇文化特点，帮助学生掌握目标语言的论证方法和篇章结构，从而使其能够更加地道地运用目标语言进行沟通和表达。

第一，语篇文化的多样性。不同语言在语篇结构上表现出多样性。例如，英语中的议论文通常采用直接的陈述和论证方式，强调论点的清晰性和逻辑的严密性；而一些其他语言，如汉语，可能其主题不是直接陈述和论证，而是从不同方面迂回地进行阐述，强调论点的关联性。这些差异反映了不同文化在交流方式和思想组织层面的不同价值观。教师在教学中应当引导学生了解这些语篇文化的差异，以便更好地理解和使用目标语言。

第二，语篇的篇章结构。语篇的篇章结构是信息组织和呈现的方式，不同语言在篇章结构上有不同的偏好。例如，在英语中，文章通常采用总—

分—总结构，论点在开头和结尾反复强调；而在一些其他语言中，如汉语，文章的结构可能更加灵活，强调内容的连贯性和自然流畅性。这些结构差异对学生在目标语言中的写作和理解提出了挑战，但也为他们提供了学习和理解目标语言文化的机会。

第三，语篇中的论证方法。论证方法是语篇中表达观点和支持论点的手段。在外语教学中，教师应引导学生了解目标语言中的常用论证方法，如列举事实、引述权威观点和逻辑推理等。这些方法在不同文化中可能有不同的运用方式和侧重点。例如，在英语中，引用权威观点和数据证据通常被视为强有力的论证手段；而在一些其他语言中，如汉语，情感诉求和历史传统可能更具说服力。

第四，跨文化交际中的语篇应用。掌握目标语言中的语篇文化对于学生在跨文化交际中起着关键作用。教师应引导学生在跨文化交际中注意目标语言的论证方法和篇章结构，帮助学生更好地理解和使用目标语言进行交流。例如，学生需要了解不同文化中的礼貌用语、信息组织和沟通方式，以确保在不同文化背景下进行得体、有效的交际。

语言结构文化是外语教学中的重要内容，教师需要关注语音、词汇、句法和语篇等方面的文化差异，并引导学生理解和掌握这些特点。通过提高学生对语言结构文化的认识，可以使他们更加准确地理解和运用外语，从而更好地开展跨文化交际。在外语学习过程中，学生要不断积累文化知识，培养自己的文化素养，以适应全球化时代的需求。

二、外语教学中的背景知识文化

在全球化的背景下，外语学习已经成为我国教育领域的重要课题。为了更好地适应国际交流的需要，提高外语水平，许多学生投入了大量的时间和精力。然而，仅仅掌握语言工具是不够的，背景知识文化在外语学习中的重要性不容忽视。

(一)背景知识文化对外语学习的影响

了解外语国家的背景知识在外语学习中十分重要，这种了解能够帮助学生更深入地理解目标语言的文化内涵，进而提升学习效果。背景知识文化对外语学习的影响主要体现在以下五方面：

第一，了解目标语言国家的历史发展有助于学生更好地理解语言背后的文化内涵。历史悠久的民族通常拥有丰富的文化遗产和底蕴，这些元素渗透在语言中，使得外语学习者在学习过程中能够更从容地应对文化挑战。通过掌握这些历史背景，学生可以更加深刻地理解语言的本质和其背后的意义。

第二，地理环境对一个国家的文化产生深远的影响。学习外语时，了解目标国家的地理环境可以帮助学生更好地理解当地的风土人情。地理环境影响着人们的生活方式、思维习惯和文化特点，因此，了解这些背景能够提高学生对语言的理解和实际运用能力。

第三，目标国家的政治体制和政策背景也影响着其文化特征。通过了解政治制度和政策背景，学生能够更好地理解政治词汇和表达方式。这不仅有助于他们更准确地使用语言，还能减少他们在跨文化交流中的沟通障碍。

第四，一个国家的经济状况对其文化发展和传播也产生着重要影响。掌握目标国家的经济发展特点，可以帮助学生更好地了解和应对国际经济合作中的各种问题。经济状况影响着语言的应用环境，也在一定程度上影响着语言的传播和发展。

第五，不同国家的社会习俗存在着很大差异，这些差异能够帮助外语学习者在跨文化交际中避免误解或产生冲突。了解目标国家的社交礼仪和习俗，不仅有助于学生融入目标语言国家的社会环境，也能够提高他们的国际竞争力。

(二) 外语教学中背景知识文化的应用

第一，教师引导。在外语教学中，教师应主动介绍相关文化背景知识，引导学生关注文化差异。通过对比分析，帮助学生在外语学习中更好地理解和掌握语言内涵。

第二，课程设置。学校应合理设置外语课程，涵盖历史、地理、政治、经济、社会习俗等多方面的内容。让学生在系统学习语言的同时，全面了解目标国家的文化背景。

第三，实践活动。鼓励学生参与国际交流活动，亲身体验不同国家的文化氛围。通过实际操作，提高学生在跨文化交际中的适应能力。

第四，教材筛选。选用具有代表性的外语教材，注重文化内涵的传授。让学生在学习过程中，自然地接触到各种文化现象，提高文化素养。

背景知识文化在外语学习中具有举足轻重的地位。只有深入了解和掌握目标国家的文化背景，才能真正提高外语水平，实现顺畅的跨文化交际。因此，在外语教学中，教师和学生都应重视背景知识文化的学习，通过多种途径，不断提高自己的文化素养。这样，我国在外语教育领域才能真正实现与国际接轨，为全球化背景下的国际交流做好准备。

三、外语教学中的交际文化因素

在当今全球化的背景下，跨文化交际已成为我们日常生活中不可或缺的一部分。交际文化，这个概念涉及到不同文化背景下的交际规则、礼仪、习俗等，对外语教学来说十分重要。在外语教学中，教师不仅需要关注语言知识的学习，还要引导学生了解并适应各种交际文化，以便在跨文化交际中能够得体、有效地进行沟通。

第一，礼貌用语。在不同的文化中，礼貌用语的使用有很大的差异。例如，在一些文化中，直接表达意见和质疑他人观点会被视为无礼；而在另一些文化中，这样的表达方式则被认为是坦诚和真诚的。因此，教师需要引导学生了解并掌握不同文化中的礼貌用语，以免在实际交际中产生误解。

第二，称呼方式。在不同文化背景下，人们对长辈、平辈和晚辈的称呼有所不同，甚至同一词汇在不同的语境中也可能有不同的含义。因此，教师需要教育学生尊重他人的文化传统，正确使用称呼，以展示自己的诚意和尊重。

第三，时间观念。不同文化对时间的看法和对待方式存在着很大差异。例如，在一些文化中，准时是非常重要的，而在另一些文化中，灵活应对时间安排则被认为是宽容和理解的体现。因此，教师需要引导学生认识并尊重不同文化中的时间观念，以避免因时间问题而导致交际失败。

在外语教学中，教师有责任帮助学生深入了解和适应各种交际文化，使他们在跨文化交际中能够游刃有余。为了实现这一目标，教师需要关注礼貌用语、称呼方式、时间观念等方面的差异，并教育学生尊重和理解不同的文化传统。通过这种方式，学生在面对多元化的交际环境时，将能够更加自信、得体地进行沟通。

第三章 岭南文化及其与外语教学的融合

岭南文化作为中国南部所特有的文化,具有丰富的历史、艺术和语言资源,在外语教学中融入岭南文化有助于丰富教学内容,增强学生对文化多样性的理解和认知。本章将分别探讨岭南文化及其研究范畴、岭南文化在外语教学中的资源开发、岭南文化在外语教学中的价值功能、岭南文化融入外语教学的具体策略以及对岭南文化融入外语教学的未来展望,这对于推动外语教学与岭南文化的深度融合具有重要意义。

第一节 岭南文化及其研究范畴的具体解读

一、岭南文化的认知

岭南文化"是岭南人在社会实践中创造的物质文化、制度文化和精神文化的总和,是中华民族优秀文化的重要组成部分,它和秦晋文化、齐鲁文化、巴蜀文化、吴越文化、荆楚文化等一样,都是中华民族文化中别具特色的地域文化。岭南的一切物质财富和精神财富都是岭南人创造的成果,都属于岭南文化"❶。岭南文化本质上是一种世俗文化。古代岭南,较早形成了多元一体的经济格局,商品经济较为发达。明代中叶,岭南首先萌发了资本主义因素,经济社会率先转型,我国经济重心也由北方向南方转移,岭南成为我国经济社会最发达的地区之一。近代的岭南,尤其是珠江三角洲,城镇众多,交通方便,产业多元,贸易频繁,商业发达,经济繁荣,生活富裕,社会祥和,形成了独具一格的市井社会。这种社会的生产方式和生活方式孕育出的文化是市民文化、世俗文化,其世俗性尤为明显。

---

❶ 李权时,李昊. 岭南文化概述 [M]. 广州:广东人民出版社,2023:5.

(一)岭南文化的特征

"岭南文化是绚丽多彩的中华文化的重要组成部分"❶,要准确、全面认识岭南文化的本质,就必须深刻认识、掌握其特征,文化特征是文化本质的外部显现。岭南文化具有以下六个特征。

1. 重商性特征

岭南文化在中国传统文化中展现出独特的商业特征,这种特征与全国其他地区存在着显著差异。虽然中国传统文化通常偏重农业而轻视商业,但岭南地区并未呈现出这种明显的倾向。相反,岭南文化在农商兼顾的基础上,实现了农业和商业的共同发展。尤其是珠江三角洲地区,历史上就因商业贸易的繁荣而闻名。从汉代开始,广州作为海上丝绸之路的起点,逐渐发展成为中国重要的对外通商口岸。唐代时,广州已成为世界知名的商业中心。到了明清时期,岭南地区的商品经济发展迅速,各地商人争相涌入广州,形成了以濠畔街为代表的商业繁荣区。这里聚集了来自全国各地的富商,使得岭南地区成为市场经济最为发达的区域之一。岭南这种商业性的社会环境,不仅对当地的经济发展起到了推动作用,也对岭南文化的形成和发展产生了深远影响。商业精神渗透到市民的日常生活中,对人们的思想和行为方式也产生了重要影响。这种以商业为中心的价值观,使岭南文化展现出灵活、开放、务实的特质。

2. 开放性特征

岭南位于东亚大陆边缘,临近南海,这一独特的地理位置使得岭南成为中国南部与外部世界接触和交流的门户。岭南地区自古以来便不可避免地要与其他外域文化产生碰撞和交汇,从而形成了一种明显的开放态势。

(1)岭南地区的开放性与其独特的地理环境密不可分。岭南沿海地区水陆交通便利,具有"习于水斗,便于用舟"的传统。这种对海上贸易和航海技术的熟悉,使得岭南人早早便开始了与外界的交往和拓展。无论是"过番"还是"下南洋",甚至是"闯世界",岭南人都表现出勇于冒险、敢于探索的精神。这种对海洋的依赖和全球视野的拓展,进一步彰显了岭南文化的

---

❶ 叶金宝,左鹏军,崔承君.关于岭南文化的整体性认知——《岭南文化辞典》编纂的若干思考[J].学术研究,2023(3):1.

开放性。

（2）岭南地区在历史上形成了一种独特的文化心态。岭南人由于长期与外界文化交融，逐渐形成了包容、多元的文化心态。岭南人以开放的态度对待外来文化，不但在商业贸易上与世界各地保持了密切联系，而且在文化、科技等领域也表现出了开放和接纳的特质。这种文化心态使岭南成为一个能够吸收、消化并融合各种文化的区域，从而推动了岭南文化的多样性和丰富性。

（3）岭南的开放性还体现在其政治氛围和历史传统上。岭南地区历朝历代都是重要的通商口岸和商业中心，广州更是历经数个朝代的对外贸易枢纽。岭南在政治上一直保持较为开放的态度，对外来事物和文化的接纳度较高。这种政治上的开放，进一步促进了岭南地区与外界的交流与合作，推动了岭南文化的持续发展。

（4）岭南的开放性也体现在其海外侨胞数量庞大上。广东拥有的海外侨胞占全国海外侨胞人数的一半以上。这些海外侨胞不仅在世界各地传播岭南文化，还将外界文化带回岭南，丰富了当地的文化内涵。这种人员的广泛流动进一步促进了岭南地区的开放性，助力岭南文化不断走宽、走深、走远。

3. 多元性特征

岭南文化以其独特的多元性而闻名，这种特征在历史的长河中得以延续并不断发展。岭南文化的多元性体现在文化性质、文化类型、地理与自然环境、民系以及文化层次等多个方面，为岭南地区注入了丰富的文化内涵和活力。

（1）岭南文化的多元性在文化性质上表现为多种文化因素的交融与影响。现代岭南文化融合了中国传统文化和西方文化等多种文化元素。这种多层次的文化交融，不仅为岭南文化注入了现代化的活力，还在一定程度上保存了岭南文化的传统根基。这种兼收并蓄的文化态度使岭南文化展现出丰富多彩的面貌。

（2）岭南文化在文化类型上也呈现出多元性。传统文化与现代文化在岭南地区共存共荣，传统的民间艺术与现代科技、媒体艺术交织在一起，形成了既保留传统文化精华又积极接受现代文化的新格局。这种传统与现代的交融，不仅丰富了岭南文化的内涵，还为其注入了时代感和创新性。

(3) 从地理和自然环境的角度来看，岭南文化表现出山地、平原和海洋文化的多样性。岭南地区地理环境复杂多样，山地、平原和海洋等不同地理环境孕育出了各具特色的文化形式。山区文化以其独特的民俗和生活方式为特色，平原文化则以其开放和包容的特性而闻名，而海洋文化则以其全球化的视野和开放的态度而著称。这种地理环境的多样性，使得岭南文化在形式和内容上都展现出了丰富多彩的特征。

(4) 在民系方面，岭南文化体现出了广府、客家、潮汕、雷州、海南、桂系等不同民系文化的交融。每一种民系文化都有其独特的习俗和传统，这些文化之间相互影响、相互促进，共同构成了岭南文化的多元性格局。这种民系文化的多样性，使岭南文化在地域上呈现出不同的风貌，为岭南文化增添了层次感和丰富性。

(5) 岭南文化在文化层次上展现出从高精尖的"阳春白雪"到市民喜闻乐见的"下里巴人"的多元层面。这种从精致的高雅文化到通俗易懂的民间文化的层次划分，使岭南文化能够适应不同阶层和群体的文化需求。无论是文学艺术、音乐舞蹈，还是饮食习俗、民间节庆，岭南文化都能满足不同层次的审美和需求。

4. 创新性特征

岭南文化以其勇于超越传统、常规和现实的特征而闻名，这种创新精神在社会转型时期尤为突出。岭南文化通过远离甚至背离传统和现实的定势，积极吸收其他文化的精华，并创造出新的文化形式。这种进取和创新的意识体现在物质文化、社会生活文化和精神文化的各个层面。在物质文化方面，岭南文化展现出多样性和创新性的特征。岭南地区多元一体的经济格局，以及一年三熟的水稻种植技术、桑基鱼塘的经营方式和水果品种的培植，都展示了岭南先民在农业和经济方面的创造力。这种创新的农业和经济模式为岭南地区的繁荣和发展提供了坚实的基础。岭南建筑中的干栏式建筑形式也体现了岭南文化在建筑领域的独特创新。在精神文化方面，岭南文化的创新性更为显著。例如，陈献章突破了朱学的藩篱，开创了独树一帜的"江门学派"，在中国传统文化的发展中起到了引领作用。岭南文化在精神文化领域的创新，不仅体现在思想领域，还体现在文学、艺术、音乐等诸多方面，为中国文化的发展注入了新的活力。岭南地区在近代成为中国思想文化

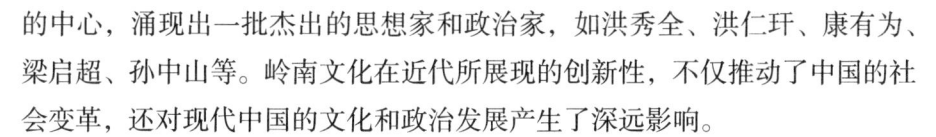

的中心，涌现出一批杰出的思想家和政治家，如洪秀全、洪仁玕、康有为、梁启超、孙中山等。岭南文化在近代所展现的创新性，不仅推动了中国的社会变革，还对现代中国的文化和政治发展产生了深远影响。

5. 安乐性特征

岭南文化的安乐性特征不仅体现在追求舒适、快乐、美好的生活和幸福的人生，还包括通过劳动和努力取得成功，实现人生价值，为社会作出贡献。这种文化特征不仅仅是一种享受美好生活的态度，更是一种积极进取、不断开拓的人生态度。这种文化特性使岭南地区的人们在追求幸福生活的同时，也积极参与到社会进步和发展中。

（1）岭南文化的安乐性特征体现在对幸福生活的追求上。岭南人注重生活品质，追求舒适和快乐的生活方式。这种追求不仅反映在对美好事物的欣赏上，还体现在对饮食、居住和娱乐等方面的高要求中。岭南人注重在日常生活中寻找乐趣，重视人际关系的和谐和家庭的幸福。这种对生活品质的重视，使岭南文化展现出一种浓厚的安乐氛围。

（2）岭南文化的安乐性也体现在通过劳动和努力实现成功，并取得人生价值的追求上。岭南人通过勤奋地工作和努力，不仅在经济领域取得了显著的成功，还在各个领域中展示出创新和进取的精神。这种通过劳动实现自我价值的追求，使岭南人充满了自豪和满足感。他们在工作和事业中不断追求卓越，为社会作出贡献，这也是岭南文化安乐性的一个重要方面。

（3）岭南文化的安乐性特征还表现在积极的生活态度和进取精神上。这种积极向上的态度鼓励岭南人不断探索新领域，追求更高的成就。在这种文化氛围中，拼搏和享受并行不悖，岭南人既能在工作中全力以赴，也能在闲暇时尽情享受生活。这种文化特征催人上进、激发创新，为岭南地区的社会发展注入了动力。

6. 直观性特征

岭南文化的直观性特征与岭南文化的享乐功能密切相关。岭南人对世界的认识和选择，通常倾向于采用直接的、感性的认识方法，注重"觉解"和"感知"，而较少依赖于抽象的概念和理性的思辨。这种以感觉和直观为主导的认知方式在岭南的学术和学风中表现得尤为明显。岭南文化在学术研究方面表现出明显的感觉经验论倾向，这种倾向强调通过直接的感官经验和个人体验来认识世界,而不是依赖于抽象的理论和复杂的思辨。这种认识方法使岭南人在面对复杂问题时,能够迅速作出判断和反应。这种直观性的学术方法既有助于岭南文化的发展和创新,也为其提供了一种独特的学术视角。然而,这种直观性的认知方式也带来了一些局限。由于过于依赖感官和直观,岭南文化在抽象思维和理论建构方面可能相对薄弱。这种认知路向可能导致在面对一些需要高度抽象和理论化的复杂问题时,表现得较为吃力。

尽管如此,岭南文化的直观性特征仍然具有许多优势,它赋予了岭南人一种直接、感性的审美和文化体验,使他们能够更好地欣赏和享受生活中的美好事物。这种直观性还使岭南人在艺术、音乐、文学等领域展现出丰富的创造力和表现力。这种对感性体验的重视,使岭南文化在这些领域中呈现出鲜明的特色和独特的魅力。此外,岭南文化的直观性特征还体现在其人际交往和社会互动中。岭南人注重直接的、感性的交流方式,更加注重情感和直觉的表达。这种直观性的交往方式使岭南人之间的关系更加紧密、和谐,有助于营造一种温暖、亲切的社会氛围。

(二) 岭南文化的构成

岭南文化由内容、部分和子系统构成,呈现出纵横交错的立体网络体系,把握岭南文化的结构,可以从多侧面、多角度、多层次去分析。下面从要素文化、物质文化、民系文化三个方面,对岭南文化的构成进行探讨。

1. 岭南要素文化的构成

每种文化都由一系列文化要素组成,这些要素是文化的基本单元,也是文化的基石。不同类型和时代的文化在要素和内容上各具特色,展现出各自的独特性。岭南文化的各个子系统和其诸多要素在不同的历史时期和地区呈现出不同的内容和形式。这些要素共同构成了岭南文化,并赋予其独特性,使其在中国其他地区的文化中形成独特的结构和本质。

(1) 本根文化。本根文化,也称为原生型文化。在接受外部文化的影响之前,岭南文化已独立存在和发展了至少10多万年,这是岭南文化一直区别于其他地域文化的坚实基础。即使融入了百越文化、中原汉文化和海外文化等多种文化,由于岭南独特的生态系统、多元化物质生产架构和社会生活的特殊结构,岭南本根文化仍然得到了不同程度的发展。就在当今,岭南还

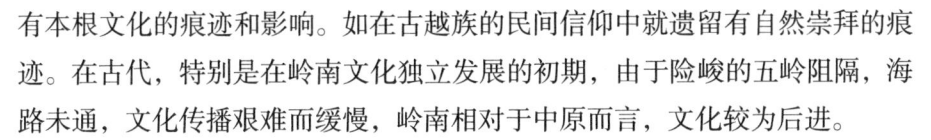

有本根文化的痕迹和影响。如在古越族的民间信仰中就遗留有自然崇拜的痕迹。在古代，特别是在岭南文化独立发展的初期，由于险峻的五岭阻隔，海路未通，文化传播艰难而缓慢，岭南相对于中原而言，文化较为后进。

（2）百越文化。岭南文化在原始社会末期开始较明显地接受其他越族文化的影响，其他越族文化进入岭南，成为了岭南百越文化的一部分，同时岭南又相对独立地发展出早期的海洋文化和珠江流域独特的水文化，这就是岭南文化具有南方普遍特色，并在一定程度上成为中国南方文化代表之一的原因。岭南本根文化对百越文化的吸收，主要吸取了荆楚越族文化的积极成果。青铜器及其工艺和农耕技术大量传入岭南，也有力地促进了岭南地区的发展。

（3）中原汉文化。秦汉以后，岭南文化发展进入了汉越文化融合期，岭南越文化大量吸收汉文化，中原汉文化在岭南文化中的占比逐渐提高，岭南越文化逐渐被汉文化同化。虽然岭南文化的发展源自于岭南本土的海洋文化和水文化，但受中原农业文化的影响很大乃至同化。从根本上而言，岭南文化与以儒家文化为核心的中原汉文化属于同一文化总体系；但由于本根文化、百越文化和海外文化的存在、影响和渗透，它又以远儒性、非正统性、开放性和兼容性等区别于其他地域文化而被称为岭南文化，在汉越文化融合期，岭南文化属于中华文化总体系中汉文化系列的边缘文化。

（4）海外文化。岭南是中国最早和最广泛地接受海外文化影响的地区。岭南文化与中原汉文化最大的不同在于，岭南文化处于"岭海环抱"的地理位置，总体上较为开放，同时因缺乏中原农业文化的先进性和纯粹性，使其能够同时吸收内陆文化和海洋文化的营养，成长为具有独立本质和特征，有异于其他地域文化的非正统性的文化。岭南文化中包含的海外文化因素范围极广，其内容主要是西方文化中的科学和人文精神。正由于较早接受西方文化影响，岭南文化才在漫长的发展中显露出自身特色，由非主流文化发展成为主流文化之一，反过来深刻影响了中华文化总体系。

2.岭南物质文化的构成

岭南物质文化丰富、多样，富有岭南特色，是岭南文化多姿多彩的物质根源。岭南文化的生命力、本质、特征，都来自岭南的物质文化。岭南物质文化的一个显著特色是多元一体，呈现出物质文化的多元并存格局。它是以商贸业为主线,由农业、商业、手工业及工业、交通运输业,包括建筑文化、饮食文化等在内的其他物质生产生活构成的物质文化体系。这一特色有一个逐步发展的过程。在岭南文化独立发展期属于萌芽阶段,百越文化期是其形成阶段,到汉越文化融合期逐渐进入成熟阶段。岭南物质文化可追溯到原始族群时代,采摘是岭南人祖先物质生产的开端,但岭南的物质生产与北方先民物质生产有所不同,居住在河海边的先民往往更多从水中获得食物,因此较早出现渔业,使岭南物质生产较早呈现出多元性的特征。之后在农业、渔业的基础上出现了手工业和商业、交通运输业。这些物质生产部门也打上了岭南的烙印,富有岭南特色。

(1)农业。岭南地区的农业在古代时期是其主要产业之一,该地区的农业在早期就体现出多元化的发展,特别是在商品农业领域,展现出独特的区域特色。在种植业方面,岭南在秦汉时期就已经展现出丰富的多样性和复杂性。如南海郡当时已遍植一年两熟的水稻,以及柑、橘、荔枝、龙眼、香蕉等水果,并且还种植了甘蔗、槟榔、橄榄、各种花木等经济作物,同时,还从海外引进了多种作物。清代乾隆年间只留广州一口通商,商业的发展更促使岭南农产品向多元化发展。珠江三角洲桑基鱼塘、蔗基鱼塘、果基鱼塘遍布,在顺德、番禺、增城、东莞等地形成龙眼、荔枝、柑、橙、橘、香蕉等水果生产的专业区。岭南渔业与种植业是同时共生的。在七八千年前的新石器时代早期,西樵山人已开始发展渔猎经济。在母系氏族公社繁荣期,韩江三角洲、珠江三角洲地区的原始氏族部落虽然也经营农业,但渔猎经济的比重更大。南海一直是我国重要的渔业产区,盛产南珠等海洋产品,畜牧业和养殖业在岭南也发展较早。岭南农业经济从古至今都存在多元化发展格局,有力地促进了手工业乃至工业的发展。

(2)工业。随着农业,特别是商品农业的发展,岭南手工业很快就发展起来,并呈现多样化发展的倾向。父系氏族社会手工业就已有轮制陶器业、骨器和磨制石器制作、以玉石及骨牙等为材料的装饰品制造、竹草类编织、植物纤维纺织等多方面的工艺。汉代番禺已成为犀角、象牙、玳瑁、珠玑、银铜铁器、丝绸的生产加工和集散的商业城市。唐代岭南手工业已发展成为品类多、分布广、水平高的行业。唐以后岭南还发展出端州砚石、制葵业、编织业、制盐业和采矿业等。造船业已有相当水平,所造商船可远航至波斯湾和东非海岸。明代陶瓷业、丝织业、棉麻纺织业、榨糖业、造船业、采珠业都形成了专业化的生产局面。清代采矿业发展到大规模投资，广东是资本主义萌芽和商品市场比较发达的地区。近代广东更成为中国民族资本主义诞生地之一。继昌隆缫丝厂、广州电灯公司等是全国同行业中的首批民族资本主义企业。

（3）交通运输业。岭南地区地处海岸与山脉之间，地理环境最初对当地经济和文化发展产生了一定的制约，但随后却成为了促进岭南发展的优势条件。早在秦代，岭南就开始修建"四条新道"，基本上实现了南北交通的畅通。历史上，移民到岭南地区以及内外贸易的需求也推动了南北道路的逐渐通畅，例如唐代张九龄开凿的大庾岭新道，以及宋代凌策新辟的英州至曲江通道等。而在交通发展方面，水路的发展更早且更全面，岭南凭借珠江水系与内陆各地相通。自古以来，水路交通就是岭南人与外地人交往的主要途径。重大事件如秦始皇开凿灵渠，沟通长江与珠江两大水系；汉武帝灭南越国时，顺连水、湟水直捣番禺；两晋、两宋移民由北江南下。宋高宗时转运使林安宅对潮、惠下路进行了浩大的整治、改造工程，沟通了闽、潮、惠、广各州的交通，充分发挥了水路运输优势，形成了以广州为枢纽的水路交通网。海路方面，内通全国沿海，外通世界各地。先秦时期，岭南就与南洋诸国有贸易往来。汉代徐闻、合浦两港就成为了通往东南亚等地的重要港口。三国至西晋期间，海外贸易主要口岸逐步转移到广州，船只可航行至印度、斯里兰卡以及当时的波斯地区。唐时岭南贸易开始了新的飞跃，广州成为世界著名商港。清代广州独口通商，其海路交通的重要性更加凸显。陆路、水路和海路交通历史悠久的发展和雄厚基础，使岭南特别是广东在近代成为全国交通运输发达地区之一；在现代形成了海运、航空、立交桥、江桥、高速公路、铁路、隧道等组成的立体交通网，更成为了全国交通极为发达的地区。

（4）名特土产。岭南开发较晚，但后来居上，物质生产的方式、速度和技艺遥遥领先、还涌现出大批名、优、特产品。名特土产有荔枝、木瓜、龙眼、菠萝、香蕉、乌榄、广柑、柚子、余甘子、橙、月柿、黄皮、椰子、芒果、波罗蜜、蜜枣等。珍稀特殊植物有擎天树、银杉、蚬木、金花茶、红豆树、穗花杉、桫椤、水松等。珍稀动物有白头叶猴、熊猴、黑叶猴、蜂猴、短尾猴、广西猴、山瑞、儒艮、巨蜥、大鲵、黄腹角雉、瑶山鳄蜥、穿山甲、华南虎、矮马、捕鱼等。特产有东山羊、香猪、禾花鱼、南珠、端砚、信宜玉、广绿玉、英石、荔浦芋、马蹄、甜茶、可可、咖啡、腰果、八角、胡椒、玉兰片、云耳、买香草、白毛茶、琼脂、桄榔粉等。这些物产富有岭南特色，深受广大人民群众的欢迎。

(5)商业。岭南物质文化多元一体格局是以商业贸易为主线的。岭南商贸业起步较早，早在秦统一岭南设郡治番禺始，广州就是国家的重要通商口岸。两千多年来，岭南的商贸业比较发达，特别是广州一直是我国商贸中心，长盛不衰。在广州的历史长河中，"商"字承载着这座城市以商贸发展为主题的经济记忆。值得关注的是广府商人也是最早走出国门，成为中国对外贸易的先驱的一批人。岭南特别是珠江三角洲商贸业的发展，得益于其得天独厚的自然环境和历史基础。岭南特别是广州、潮州等地，经商不仅普遍，而且经商有道。历史上的岭南商人以明清时期最具代表性。明清时期的岭南商人在类型上，可分为海商、牙商、批发商和侨商四大类。一是敢于开拓的海商。岭南海商专门从事经营海外贸易。二是专事外贸的牙商。牙商包括明代贡舶、市舶贸易的行商人以及清代的广州十三行和晚清逐步形成的买办商人。三是善于贩运的批发商。明清时期，广东出现了一批将外省货物运回广东销售并将广东货物销往全国各地的商人，成为长途贩运的批发商。四是爱国爱乡的侨商。广东商人发展起来后，不少商人经商海外而成为侨商。侨商是广东商人的一大特色，它的出现，标志着广东商人经商进入一个新发展阶段。

3.岭南民系文化的构成

岭南是个多民族居住的地区，不同民族以及同一民族在不同的时空，生产方式和生活方式的不同，往往会产生不同的民系（群族）文化。岭南地区就有广府文化、客家文化、潮汕文化、雷州文化等民系（族群）文化。

(1)广府文化。广府文化是指广府民系文化，它是生活在岭南以粤方言为主体的族群所创造的民系文化。广府人是汉族的主要族群之一，在广东的四大民系中分布范围最广，珠江三角洲（含中国香港、中国澳门）是其分布的核心地带。秦始皇开发岭南后，有100多个姓氏的中原人士不断进入岭南地区，与当地的古越族融合为今天的广府人。由于在汉代便与海外有密切

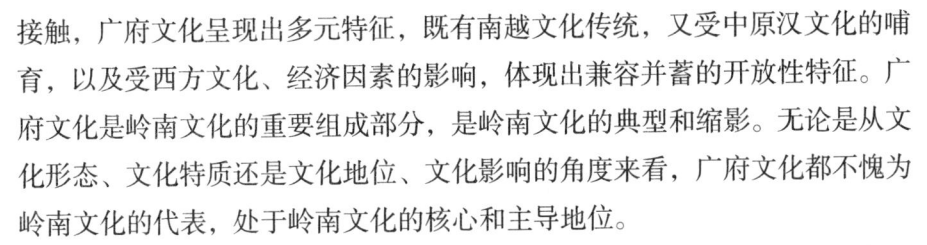

接触，广府文化呈现出多元特征，既有南越文化传统，又受中原汉文化的哺育，以及受西方文化、经济因素的影响，体现出兼容并蓄的开放性特征。广府文化是岭南文化的重要组成部分，是岭南文化的典型和缩影。无论是从文化形态、文化特质还是文化地位、文化影响的角度来看，广府文化都不愧为岭南文化的代表，处于岭南文化的核心和主导地位。

（2）客家文化。客家文化是岭南地区客家民族所特有的文化形态，主要通过客家方言作为识别依据。客家人普遍认为福建宁化禾口乡石壁村是他们的祖地。客家人的先祖是从中原地区南迁的汉族，因此，他们的文化既保留了中原文化的特色，又融入了山区文化的独特特点。客家人具有吃苦耐劳、坚忍不拔的精神，自信、自立、自强、自足、自我奋斗的意识和高度的向心力、凝聚力。他们崇尚读书，重视教育，文人层出不穷，讲究忠孝节义，宗族家族观念浓厚，祠堂和族谱完备，重视堂号家声。民居为超人型的土楼和楼房组成的围龙屋。五凤楼、方楼、圆寨是土楼的三种典型形式，这种民居自成天地，规模巨大，安全坚固，防御性强。居民聚族而居，有利于加强凝聚力。汉剧、秧歌、龙舞、迎神赛会、踩船灯、鲤鱼灯舞、九连环、采茶戏、花朝戏、采茶扑蝶舞等都是客家民间文化的重要组成部分。

（3）潮汕文化。潮汕文化是指岭南地区以潮汕方言区为主体的族群的民系文化。将"潮汕"作为一个地区的指称，肇始于民国时期，是潮州与汕头的合称。经过历史多次演变，潮汕地区现时有汕头、潮州、揭阳三个市。该区土地肥沃，气候温暖湿润，经济社会比较发达。潮汕地区大部分依山傍水，使潮汕人形成了一种独特的生产方式和生活方式，许多人依靠大海生活，主要以渔业和海上贸易为生，同时也兼顾农业生产。这种生产生活方式，形成了勇于开拓、富有创新精神的文化特色。经商有道，会做生意，使潮州商人闻名全国。认同感强、族群认同意识浓厚、易"抱团"、好团结是潮州商人的特征。精明灵巧，其手工业、工艺品和茶具以及潮州小吃都非常精细，潮瓷、潮绣更享誉海内外。别具风韵的潮州饮食文化更富有特色，潮州稀饭、潮州小吃、潮州卤味、潮州工夫茶，令人回味无穷。

（4）雷州文化。雷州文化是指岭南地区以雷州方言为主体的族群的民系文化，是岭南四大区域文化之一。被称为"天南重地"的雷州是国家历史文化名城，是古代雷州文化的中心。其原为海康县，地处粤西地区，雷州半岛中部，东西面海。气候炎热，雨量充足，物产丰富，人杰地灵，是热带作物和海洋水产的重要生产基地，有"芒果之乡""剑麻之乡""南珠之乡"之誉。雷州历史悠久，文化积淀深厚，早在汉代，就是我国古代"海上丝绸之路"的起点之一。唐代闽南迁民为开发雷州作出了很大贡献。当地的南越俚僚文化与岭南其他民系文化、中原文化等先进文化融合，形成了独特的雷州文化。雷州方言、雷祖雷神、雷歌雷剧、雷州音乐、雷州石狗、雷州习俗风尚等都很有特色。

二、岭南文化的研究范畴

（一）岭南建筑

岭南建筑在中国传统建筑中占有重要地位，体现了岭南地区的自然环境和文化特征。随着社会的发展，岭南建筑风格在现代建筑中也得到了传承和发展，继续展现其独特的魅力。"全球化的当代生活导致文化趋同现象日益凸显，也对岭南建筑产生了重要影响，如何在现代岭南建筑中体现地域特色一直是岭南建筑界面临的重要课题"[1]。岭南建筑的特点受到当地气候、地形和文化的影响，展现出独特的风格和特色。岭南地区气候炎热湿润，岭南建筑注重通风和遮阳。建筑设计中常见的大面积窗户、通风口和庭院，有助于保持室内空气流通和凉爽。岭南建筑通常采用围合式布局，建筑物围绕庭院排列。庭院既能提供通风采光，也能为家庭生活提供私密的活动空间。岭南建筑多采用木结构，梁柱结构清晰，体现出简洁实用的特点。木材在岭南地区易于获取，木结构建筑也有助于抵御湿热气候。岭南建筑的装饰较为丰富，包括雕刻、彩绘和镂空窗花等，常见的题材有花鸟、山水、吉祥图案等。这些装饰元素体现了岭南地区独特的文化和审美风格。除了木材，岭南建筑还常用砖瓦、石材、陶瓷等材料，结合不同材质的特性进行建筑和装饰。岭南建筑注重庭院的设计和利用，庭院内常见绿植、花卉、池塘等，营造出自然舒适的氛围。由于岭南地区的地理位置，岭南建筑在历史上受到了西方建筑风格的影响。特别是在近代，岭南建筑在一些细节和装饰上融合了西方建筑的元素，呈现出独特的风格。

---

[1] 冼剑雄，于海翔．岭南建筑文化传承的新实践[J]．南方建筑，2023(11)：89．

（二）岭南饮食

岭南饮食以其丰富多样、精致细腻的特点而闻名，其主要特征包括以下八方面：一是食材新鲜多样。岭南地区气候温暖湿润，四季分明，蔬菜、果类、水产品等食材丰富多样，岭南饮食以新鲜食材为主，追求食材的原汁原味。二是海鲜为特色。岭南地区沿海，海鲜丰富多样，是岭南饮食的重要组成部分。烹饪海鲜的方法多样，包括清蒸、煎炸、煮汤等，以保留食材的鲜美口感。三是调味精致。岭南饮食重视调味，特别是使用酱油、蚝油、香油、鱼露等调味品。调味品的运用讲究搭配，使得菜肴风味独特。四是菜式丰富。岭南饮食菜式繁多，既有粤菜、潮州菜、客家菜等特色菜系，也有广府点心、海南菜等地方特色。每个菜系都有独特的烹饪方式和口味风格。五是烹饪技巧多样。岭南饮食在烹饪方法上注重炖、蒸、煮、炒、炸等多种烹饪技巧，以达到最佳的口感和营养搭配。六是茶文化。岭南地区是中国重要的茶叶产区之一，岭南饮食与茶文化密不可分。茶在岭南饮食中扮演着重要角色，不仅用于解腻，还能增强口感和滋味。七是注重保健养生。岭南饮食注重营养搭配和保健养生。许多菜肴会加入中药材，如枸杞、党参等，达到滋补身体的效果。八是点心文化。岭南地区的点心文化丰富多样，以粤式点心最为著名。这些点心不仅在口味和外形上精致考究，而且制作工艺十分复杂。

岭南饮食文化以其精湛的烹饪技艺、丰富的菜式和多样的食材而著称。随着全球化的发展，岭南饮食在世界范围内获得了广泛的认同和赞誉。

（三）民俗节日

岭南民俗节日是岭南地区传统节日文化的体现，这些节日丰富多样，展现了岭南地区独特的历史、文化和民俗特色。岭南民俗节日主要包括以下内容：一是春节。春节是中国最重要的传统节日，岭南地区也不例外。岭南地区的春节习俗包括贴春联、挂灯笼、吃年夜饭、放鞭炮等。此外，岭南地区的年夜饭中，常会有一道象征团圆的菜肴，如鱼、鸡或海鲜。二是元宵节。元宵节在岭南地区通常有吃汤圆和赏花灯的习俗。元宵节时，岭南地区的街头巷尾常会挂上各种花灯，营造出喜庆的氛围。三是端午节。端午节在岭南地区的庆祝方式与全国其他地区相似，都有赛龙舟和吃粽子的传统。岭南地区的粽子有不同的口味和形状，体现了当地的饮食特色。四是中秋节。中秋节是岭南地区的重要节日之一，家人团聚一起赏月、吃月饼是中秋节的主要活动。此外，岭南地区还会举办舞狮、灯会等活动，增加节日的热闹气氛。五是清明节。清明节是祭祖扫墓的传统节日，岭南地区也会在这一天进行扫墓、敬祖先的仪式。清明节期间，岭南地区的民众会前往祖先的墓地扫墓、祭拜，表达对先人的敬意。六是重阳节。重阳节是中国传统的登高节，岭南地区也有相关的活动，如登山、赏菊和敬老。这个节日表达了对长者的尊敬和关怀。

（四）粤剧粤语

粤剧和粤语是岭南文化的重要组成部分，它们展现了岭南地区丰富多样的文化内涵和艺术形式。随着时代的发展，这些传统文化形式在保持传统的同时，也在不断创新，持续影响着岭南地区的文化发展。

粤剧是岭南地区最具代表性的传统戏曲艺术之一，它起源于广东省，发展至今已经成为中国五大戏曲之一。粤剧"以粤方言演唱，广泛吸收了广东音乐、广绣、牙雕、陶瓷、灰塑等地方艺术，具有鲜明岭南特色，充分体现出广府民系群落的地域文化传统"[1]。粤剧的音乐使用粤语作为唱腔，以其优美的旋律和丰富的音乐形式为特色。音乐表达情感丰富，并且通过唱、念、做、打等多种形式来表现剧情。粤剧以其精湛的表演技艺、优美的身段、复杂的角色塑造和丰富的舞台表现而著称。演员通过唱、念、做、打等方式，将故事情节和角色性格展现得淋漓尽致。粤剧的剧目丰富多样，包括历史剧、神话剧、爱情剧和民间故事等。著名剧目如《帝女花》《白蛇传》《花木兰》等，都充分展现了粤剧的艺术魅力。粤剧是岭南地区文化的重要组成部分。它不仅传承了岭南地区的文化和历史，还通过现代的创新和发展，保持着旺盛的生命力。

粤语是岭南地区特别是广东、香港和澳门等地的主要方言，它是世界上影响力较大的汉语方言之一。粤语比普通话和许多其他汉语方言的声调都要丰富，它的发音较为复杂，但也因此展现出更强的表现力。粤语的词汇中

---

[1] 邱志华.岭南文化瑰宝：粤剧[J].早期教育，2023(34)：52.

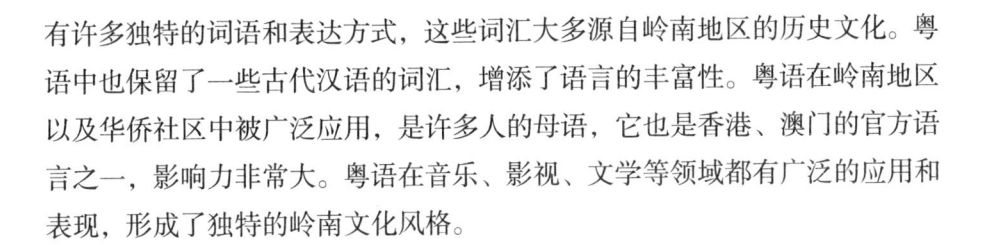

有许多独特的词语和表达方式，这些词汇大多源自岭南地区的历史文化。粤语中也保留了一些古代汉语的词汇，增添了语言的丰富性。粤语在岭南地区以及华侨社区中被广泛应用，是许多人的母语，它也是香港、澳门的官方语言之一，影响力非常大。粤语在音乐、影视、文学等领域都有广泛的应用和表现，形成了独特的岭南文化风格。

(五) 工艺美术

岭南工艺包括岭南民间工艺和宫廷工艺两大类，民间工艺又大致分为日常生活用品和装饰欣赏品两大类，包括民间陶器、民间编织、民间服饰和建筑装饰，等等。宫廷工艺是指供皇家享乐的工艺品。比如南越国王宫御苑的大型铺地砖，砖面印有几何图案花纹，还有"万岁"瓦当，绳纹板瓦、筒瓦，蕨草纹瓦当，以及朱色或绿色的砖雕、灰塑脊饰残件和砖雕窗棂，这些都是岭南工艺早期的建筑装饰。明清时期，书院、祠堂、庙宇等遍布全省，岭南工艺出现了许多新的创造。如集岭南建筑装饰艺术之大成的广州陈家祠、三水芦苞祖庙、佛山祖庙等，都大量运用石雕、砖雕、彩画、陶塑、灰塑、嵌瓷、铜铁铸件和琉璃饰件、漆画、木雕、竹雕等来进行装饰，巧夺天工。

岭南工艺美术在材料、技法和风格方面都呈现出鲜明的特点，主要包括以下七方面：一是广彩。广彩是岭南地区最著名的工艺美术之一，也是中国陶瓷艺术的重要组成部分。广彩以鲜艳的色彩、精细的纹样和丰富的装饰为特色，通常采用珐琅彩料在瓷器表面进行装饰，常见的题材有花鸟、山水、人物等。二是广绣。广绣是岭南地区的传统刺绣艺术之一，以针法细腻、色彩丰富、图案繁复著称。广绣的主题多样，包括花鸟、山水、人物、吉祥图案等，广泛应用于服装、挂屏、摆件等领域。三是牙雕。岭南地区是中国牙雕的重要产地之一。牙雕以其精致的雕刻工艺、复杂的纹样和精细的细节而闻名。作品多以人物、花鸟、动物等题材为主，展现出精湛的技艺和艺术价值。四是木雕。岭南地区的木雕工艺历史悠久，传统的岭南建筑和家具上都运用了丰富的木雕装饰。木雕以其精细的纹样、流畅的线条和独特的艺术风格而著称。五是漆器。岭南地区的漆器工艺也是中国传统工艺美术的重要组成部分。漆器通常以黑漆、红漆为主，并在漆面上进行装饰，呈现出独特的光泽和美感。六是金银细工。岭南地区的金银细工工艺也十分著名。它以精巧的金银加工技法和复杂的装饰纹样为特色,常用于制作珠宝、饰品、摆件等。七是石雕。岭南地区的石雕工艺以其细腻的雕刻技艺和丰富的艺术表现力而闻名。石雕作品多以人物、动物、花卉等题材为主,展现出独特的岭南风格。

第二节 岭南文化在外语教学中的资源开发

一、岭南文化在外语教学中的资源开发意义

岭南文化作为中国南方地区的特色文化,包括广东、广西和福建等地的文化遗产,其在外语教学中的资源开发呈现出多方面的意义。

第一,提供多样的文化背景。岭南文化融合了多种文化和传统,包括汉文化、客家文化和粤语文化。这种多样性为外语教学提供了广泛的文化背景,帮助学生更好地理解语言与文化之间的密切联系。

第二,激发外语学习动力。借助岭南文化资源,学生能够深入了解语言所涉及的地区文化、历史和传统。这种对文化背景的理解可以激发学生对语言学习的兴趣,提高学习动力。

第三,培养跨文化交流能力。通过对岭南文化的学习,学生可以加深对不同文化的理解和尊重,增强他们在全球化社会中的适应能力。这种跨文化交流能力对培养全球公民来说至关重要。

第四,提供丰富的教学材料。岭南文化提供了丰富的教学资源,如文学作品、音乐、戏剧和艺术。这些资源可以用于制作教材、课程内容和课堂活动,为外语教学增添多样性和深度。

第五,提升文化认同感。在岭南地区学习外语的学生通过对当地文化的学习,可以培养对岭南文化的认同感和自豪感。这种文化认同感能够帮助学生融入和适应当地社会。

第六,提供实践机会。岭南文化为学生提供了多种实践语言和文化的机会,如参与当地节庆活动、参观博物馆和体验传统工艺。这些实践活动有助于提高学生的语言技能和文化理解力。

二、岭南文化在外语教学中的资源开发策略

(一)收集、整理岭南文化相关的外语教学资源

在外语教学中充分利用岭南文化资源，需要对现有的相关教学资源进行全面的收集和整理，这一过程对于外语教师而言至关重要。教师需要对岭南地区的历史、文学、艺术、民俗等多个方面的文化资源进行详细分类和归档，从而建立一个专门的教学资源数据库。教师可以收集与岭南文化相关的古籍，如《岭南史料笔记丛刊》《粤东笔记》等，并将其翻译成外语供学生阅读。教师还可以整理关于岭南历史的纪录片，如《何以岭南 古粤探源》《解码岭南文化》，并将其作为课堂辅助材料。除此之外，教师也可以搜集岭南民间故事和传说，如《五羊传说》《萝岗香雪》等，将这些富有岭南特色的故事编入教学素材，可以帮助学生在学习语言的同时，进一步了解岭南地区的民俗文化和价值观。这些资源涵盖了各种形式和内容，如古籍、文献、历史档案、纪录片、音频和视频资料、民间故事、传统艺术品、历史文物，以及学术研究成果等多种类型。通过对这些资源的整合，教师可以为学生提供广泛而深入的岭南文化学习材料，帮助他们全面了解岭南地区的多样文化。这个过程不仅可以提高教学内容的丰富性和多样性，还可以为学生提供一个更加生动、立体的文化学习环境。此外，通过整合与岭南文化相关的资源，教师还能够更好地制订课程计划，为学生创造更有针对性的学习体验。

在整合资源的过程中，外语教师需要特别注意保护原始资料的真实性和准确性，以确保教学内容的可靠性和科学性。同时，教师还需关注资源的合法性和版权问题，确保在教学中使用的资源获得了合法授权，避免侵犯他人知识产权。教师可以通过与相关文化机构、博物馆、档案馆和学术机构的合作，获得更全面、更权威的教学资源，并确保资源的合法性和可持续性。此外，教师在收集和整理资源时，应根据外语教学的实际需求，筛选出与教学目标和学生水平相匹配的材料。这些材料应能够反映岭南文化的代表性和典型性，确保学生在学习外语的同时，也能深入了解岭南文化的精髓。通过科学、系统地整合和利用这些资源，教师可以为学生提供丰富、全面的外语教学体验，同时增强学生对岭南文化的认知和理解，促进跨文化交流。

（二）根据外语教学需求设计岭南文化教学内容

根据外语教学的需求设计与岭南文化相关的教学内容，需要对学生的语言水平和学习目标进行全面评估，并在此基础上进行教学内容的设计和调整。首先，外语教师可以从岭南文化中提炼出具有代表性的元素，如岭南地区独特的地理环境、民俗习惯、历史事件等，并将这些元素与语言教学相结合。这种结合不仅可以增强学生对岭南文化的认知，还能使语言教学更加生动、具体。在设计岭南文化教学内容时，教师应注重平衡知识性与趣味性。例如，可以通过介绍岭南地区著名的旅游景点如广州塔、丹霞山、白云山等，让学生在学习地理词汇的同时，了解岭南独特的自然景观。此外，还可以利用岭南传统节日如端午节、中秋节、春节等，讲解相关的习俗和历史背景，并让学生参与到节日活动中，如制作粽子、品尝月饼、观赏舞龙舞狮表演等，增加课堂的趣味性和互动性。通过选择有趣且具有挑战性的教学材料，如岭南文化中的民间故事、传统节日、音乐舞蹈等，教师可以激发学生的学习兴趣，提高教学效果。例如，可以选择岭南地区流传的经典民间故事《五羊传说》进行阅读和讨论，通过故事中的情节和人物，引导学生学习新词汇和表达方式，例如，"legend"（传说）"goat"（山羊）"prosperity"（繁荣）"immortal"（仙人）"blessing"（祝福）等。外语教师可以根据学生不同的语言水平和学习需求，设计有计划的主题和情境教学。例如，对于具备初级语言水平的学生，可以设计一些简单的对话练习，围绕岭南文化的传统节日、饮食习惯等主题展开。学生可以在模拟的餐馆情境中，学习如何点菜和交流，如"What special dishes do you have？（请问你们有什么特色菜？）""I would like to try your Cantonese cuisine.（我想尝试一下你们的粤菜。）"等。在这种真实的语言环境中，学生不仅能学到实际的交流技能，还能加深对岭南饮食文化的理解。

（三）利用现代教学技术手段丰富教学资源表现形式

现代教学技术为岭南文化在外语教学中的资源开发提供了新的机遇，为教学方式和学习体验带来了革新。教师可以利用多媒体技术，如音频、视频、动画和虚拟现实等，丰富教学资源的表现形式。这些技术手段能够将岭南文化以更直观、生动的方式呈现给学生，增强教学的互动性和趣味性，提高学生对教学内容的兴趣和投入度。借助互联网和在线教育平台，**教师可以为学生提供更多岭南文化的学习资源。在线课程可以通过视频讲座、在线讨**论和互动游戏等形式，让学生在家中或学校外的环境中进行学习。**这种形式使学生能够根据自身的学习进度和需求选择适合的学习模式，具有很高的灵活性。**此外，在线课程还可以邀请岭南文化领域的专家和学者进行讲解和互动，帮助学生获得更深入的文化理解和知识。

虚拟现实（Virtual Reality,VR）技术的应用为学生营造了一个身临其境的学习体验。例如，通过虚拟现实设备，学生可以"参观"岭南地区的历史遗迹、博物馆和文化景点，深入了解当地的历史和文化。同时，虚拟现实还可以用来模拟岭南地区的传统节日和庆典活动，让学生通过虚拟体验感受岭南文化的多样性和丰富性。教师还可以通过建立在线社区，为学生提供交流和互动的平台。学生不仅可以在社区中分享他们的学习心得、提问并解答疑问，还可以与来自不同文化背景的学生进行交流。这种互动不仅加强了学生对岭南文化的理解和体验，还促进了学生之间的相互学习和跨文化交流。为了更好地利用现代教学技术，教师需要不断地提升自己的技术素养，熟悉各种教学工具和方法，并根据教学需求选择适合的技术手段。同时，教师还需注重技术与教学内容的有机结合，确保教学技术的应用能够真正服务于教学目标，提高教学效果。此外，教师应关注教学技术的可持续发展，及时更新和改进教学方式，跟上技术的发展趋势。

三、岭南文化在外语教学中的资源开发重点

岭南文化在外语教学中的资源开发面临着多重挑战。首先，岭南文化的多样性和复杂性可能导致资源开发的难度增大。岭南文化融合了汉文化、客家文化和粤语文化等多种文化，这种文化交融可能会在教学中带来一定的挑战，需要在设计教学内容时进行仔细筛选和统筹。其次，教学资源的质量和可及性也是一个关键问题。虽然岭南地区有丰富的文化资源，但这些资源的收集、整理和数字化过程可能存在资源分散、信息不全等问题。此外，教师在编写和应用包含岭南文化元素的教材时，可能面临如何平衡文化和语言教学之间关系的挑战，需要确保教学内容既保持学术性，又不失趣味性。此外，在外语教学中引入岭南文化可能会涉及跨文化理解的问题。学生可能对

文化的某些习俗、信仰或传统感到陌生或不理解，这可能产生文化误解或障碍。因此，在教学中需要采取恰当的措施，引导学生正确认识和理解有文化，避免形成偏见和误解。

为了应对岭南文化在外语教学中资源开发所面临的挑战，可以采取一策略和措施。首先，学校应加强资源的收集和整理工作，建立完善的岭南文化教学资源数据库。通过多渠道、多形式的资源整合，确保教学资源的全面性和科学性。其次，外语教师可以在设计教学内容时，注重岭南文化的代表性和典型性，避免选择过于小众或复杂的文化元素，以便学生能够更好地理解和接受。再次，在教材编写和应用中，应注重岭南文化元素与外语教学的结合，确保文化内容的学术性和趣味性。最后，外语教师应加强对学生的文化意识教育，帮助他们树立正确的文化观念，理解岭南文化与其他文化之间的差异，促进跨文化交流和理解。此外，在外语教学过程中，教师可以通过多种方式提高教学质量，如组织文化交流活动、邀请岭南地区的专家或艺术家举办讲座、引导学生参与实际的岭南文化体验等。这些措施可以帮助学生更深入地了解岭南文化，提高他们的语言和文化交流能力。

岭南文化在外语教学中的资源开发应强调持续性与创新性，教师应不断探索新的教学方法和资源开发模式，确保教学内容的与时俱进和创新性。通过引入现代教学技术，如多媒体、虚拟现实等，教师可以丰富教学内容的呈现形式，提高学生的学习体验。在跨文化资源开发中，教师应持续关注全球化趋势和多元文化的变化，确保教学内容的多样性和前瞻性。通过与岭南地区的文化机构和学术机构的合作，教师可以获取最新的岭南文化研究成果和教学资源，不断更新和完善教学内容。持续性和创新性的教学策略还包括定期评估教学效果，并根据评估结果对教学内容和方法进行调整。教师可以通过与学生的互动和反馈，了解他们对岭南文化教学的需求和期望，及时调整教学计划。

第三节　岭南文化在外语教学中的价值功能

岭南文化在外语教学中的价值功能是外语教育领域的重要研究课题之

一,它不仅在丰富学生的文化认知、语言学习和跨文化交际能力方面发挥着关键作用,还在培养学生的人文素质方面具有深远影响。通过将岭南文化融入外语教学,学生可以获得全面的文化体验和学习效果。

一、文化认知功能

第一,帮助学生了解岭南文化的独特性与魅力。岭南文化以其独特的地域特色和多样性的文化形态而闻名。在外语教学中引入岭南文化元素,可以帮助学生深入了解这一地区的历史、民俗和艺术传统,展示其独特性和吸引力。通过研究岭南文化的文学作品、音乐、舞蹈等形式,学生可以感受到岭南文化的丰富内涵,从而加深对不同文化之间差异和共性的认知。

第二,拓宽学生的文化视野,增强文化认同感。在外语教学中融入岭南文化,可以拓宽学生的文化视野,让他们接触到不同文化背景的观点和思维方式。特别是对于来自岭南地区的学生,这种学习体验可以增强他们对本土文化的认同感和自豪感。而对于来自其他地区的学生,这种经历可以让他们更加深入地了解岭南文化,从而增强他们对中国文化多样性的理解和欣赏。

二、语言学习功能

第一,通过岭南文化的学习,能够丰富外语词汇与表达方式。岭南文化在语言方面表现出独特的特点,包括方言、语言习惯和表达方式。通过学习岭南文化,学生可以丰富外语学习中的词汇量和表达方式,进一步提高其语言运用能力。这种基于文化背景的语言学习,可以帮助学生更好地理解语言的内涵和使用场景。

第二,提升学生的语言学习兴趣与积极性。将岭南文化融入外语教学可以大大提升学生的学习兴趣和积极性。生动有趣的岭南文化内容,如传统节日、民俗风情和艺术表现形式等,可以吸引学生的注意力,使他们更愿意投入学习中。通过体验丰富多彩的岭南文化,学生可以获得更多学习的动力和信心。

三、人文素质培养

第一,传承与弘扬岭南文化的优秀传统。岭南文化在外语教学中可以发挥传承与弘扬岭南文化优秀传统的重要作用。通过学习岭南文化的精髓和传统，学生可以更好地理解和继承这一文化的价值观和历史遗产。

第二，培养学生的文化自信心与民族自豪感。通过深入学习岭南文化，学生可以增强对自身文化的自信心和民族自豪感。这种文化自信心将有助于他们在外语学习和跨文化交流中保持坚定的文化立场，并在面对文化差异时展现更高的包容性和理解力。

四、跨文化交际能力培养

第一，培养学生对于岭南文化及其与其他文化的理解与尊重。外语教学中的岭南文化元素可以帮助学生培养对于岭南文化及其与其他文化的理解与尊重。通过研究岭南文化与其他文化的交融和互动，学生可以了解文化的共性和差异性，从而提高他们的跨文化交际意识和能力。

第二，提高学生的跨文化交际意识与能力。学生通过学习岭南文化，可以更好地理解不同文化之间的差异，进而培养学生养成尊重和欣赏多样文化的态度。这种经历将有助于他们在全球化背景下更好地与他人进行沟通和合作，提高其跨文化交际能力。

第四节　岭南文化融入外语教学的具体策略

岭南文化作为中国南方地区的独特文化，具有丰厚的历史、民俗和艺术传统。这些文化元素可以为外语教学提供多样化的教学资源。通过融入岭南文化，学生可以在学习外语的同时，深入了解岭南地区的文化特色。这种文化融合不仅能够增强学生对语言的兴趣和理解，还可以帮助学生培养跨文化交际能力。岭南文化在外语教学中的应用有助于培养学生的文化认同感和自豪感。通过学习岭南文化，学生可以更好地理解自己的文化传统，并在与他人交流时更自信地展示自己的文化。此外，这种融合还可以促进不同文化背景的学生之间的相互理解和尊重，增强他们对全球多样文化的认知和包容。

一、岭南文化融入外语教学的策略实施

岭南文化作为中国南方地区的一种独特文化，蕴含着丰富的历史、民俗和艺术元素，将其融入外语教学不仅能够丰富教学内容，还能提高学生的文化素养和跨文化交际能力。在外语教学中，融入岭南文化的相关内容至关重要，可以突出岭南文化的特色，如其历史、民俗、饮食文化等方面。

（一）将岭南历史文化融入外语教学

在外语教学中，可以加入关于岭南历史的专题，如南越国的历史等，教师可以安排学生阅读《南越国史》并进行讨论，通过对岭南历史事件的了解，提升学生的语言表达能力。例如，学生可以阅读并研究赵佗作为南越国的开国君主，在统一岭南地区、促进中原文化与岭南土著文化融合方面的贡献。在讨论中，学生可以用外语发表对赵佗治理策略和外交手段的看法，并辩论其政策对岭南发展的长远影响。又如，学生可以研究南越国在古代海上丝绸之路中的角色，讨论其对外贸易是如何促进了岭南经济的发展。可以设计一个模拟贸易谈判的活动，让学生扮演不同国家的商人，用外语进行贸易协商，讨论南越国的特产、贸易路线和经济政策。通过这些具体的讨论案例，以及对岭南历史事件的深入分析和探讨，不仅使学生对岭南文化有了更深的认识，还有效地提升了他们的语言表达能力和批判性思维能力。

（二）将岭南民俗风情融入外语教学

在外语教学中，可以设计关于岭南传统节日的学习项目，如春节期间的舞龙舞狮、端午节的龙舟竞赛等，具体的教学策略包括：①春节期间的舞龙舞狮教学。学生可以研究春节舞龙舞狮的起源及其在岭南地区的发展。课程中可以安排学生查阅有关春节的历史资料，并用外语撰写关于舞龙舞狮的文章，讨论其在中国传统节日中的文化意义。学生可以模拟舞龙舞狮的场景，进行角色扮演活动。一组学生扮演舞龙或舞狮者，另一组则担任观众和讲解员，向观众用外语介绍表演的历史背景、舞蹈技巧和文化象征。这不仅能帮助学生了解传统习俗，还能提高他们的语言表达能力和表演技巧。如果条件允许，可以组织学生参与本地的春节庆祝活动，亲身体验舞龙舞狮的过

程，并用外语撰写体验报告或拍摄短视频，展示他们的节日体验和对传统文化的理解。②端午节的龙舟竞赛教学。教师可以安排学生研究端午节的历史和龙舟竞赛的起源。学生可以用外语准备一份关于端午节的简报，介绍端午节的传说故事（如屈原投江）、龙舟竞赛的规则和意义。学生可以在课堂上模拟龙舟竞赛的情景，通过角色扮演和团队合作，体验端午节的氛围。一组学生可以负责策划和组织模拟比赛，另一组则负责用外语解说比赛过程，并讲述端午节的相关知识。教师可以鼓励学生参加本地的龙舟竞赛活动，体验传统节日的实际庆祝方式。学生可以用外语撰写活动总结，分享他们在比赛中的观察和感受，并讨论龙舟竞赛如何促进了岭南地区的社区凝聚力。

（三）将岭南饮食文化融入外语教学

在外语教学中，可以介绍岭南特色美食，具体的教学策略包括：①美食介绍视频项目。教师可以让学生以小组为单位，选择一种岭南特色美食，如广式早茶中的点心、烧鹅或双皮奶。每个小组制作一个短视频，用外语详细介绍所选美食的历史背景、食材准备、烹饪步骤以及品尝心得。这样的项目不仅能让学生熟悉岭南美食文化，还能提升他们的外语表达和视频制作能力。②模拟美食节目。教师可以组织一堂模拟美食节目课，让学生扮演节目主持人，用外语进行美食展示和烹饪指导。如一组学生可以现场演示如何制作广式肠粉，另一组学生可以介绍其配料、制作过程以及食用方法。这种形式的课堂活动，不仅能够培养学生的外语应用能力，还能锻炼他们的演讲技巧和团队合作能力。③饮食文化讨论会。教师可以在课堂上组织一个岭南饮食文化的讨论会，学生事先查阅资料，用外语撰写关于岭南美食的论文或报告，并在讨论会上进行展示和交流。如学生可以探讨广式早茶文化的形成和发展，烧鹅在岭南饮食中的地位，或双皮奶的独特制作工艺与口感。通过这种深入的讨论，学生不仅能够了解岭南饮食文化的丰富内涵，还能提高他们的外语写作和口头表达能力。④美食制作体验活动。教师可以组织一次校外活动，让学生参观当地的岭南美食餐馆或食品加工厂，并与厨师或食品专家交流，用外语询问和记录有关美食制作的过程和技巧。学生可以在活动后撰写参观报告或制作视频，分享他们的见闻和体验。这种实地体验活动，能让学生更加直观地感受岭南饮食文化，并提高他们在真实语境中的外语交流能力。

二、岭南文化融入外语教学的注意事项

第一，尊重文化多样性，避免文化偏见和刻板印象。在将岭南文化融入外语教学的过程中，教师应尊重文化多样性，避免传递文化偏见和刻板印象。岭南文化丰富多样，包括不同的历史、民俗和地域特色。教师需要全面、准确地呈现这些文化元素，避免对某些特定文化或群体进行过度简化或错误描述。此外，教师应强调文化平等，鼓励学生尊重和理解不同文化的多样性和独特性。

第二，根据学生的年龄、兴趣和能力水平调整教学策略。不同年龄段、不同兴趣和能力水平的学生在接受岭南文化融入外语教学时有不同的需求和偏好。教师应根据学生的特点，灵活调整教学策略。对于年龄较小的学生，教师可以通过游戏、音乐、动画等形式将岭南文化融入外语教学；对于年龄较大的学生，则可以开展较为深入的讨论和研究活动。此外，教师应考虑学生的学习进度和理解能力，逐步引导学生深入了解岭南文化。

第三，注重学生的参与度和反馈，及时调整教学策略。学生的参与度和反馈是评估岭南文化融入外语教学效果的重要指标。教师应注重课堂上的互动和交流，鼓励学生提出问题和分享自己的观点。通过收集学生的反馈意见，教师可以及时调整教学策略，以便更好地满足学生的学习需求。例如，根据学生的兴趣调整教学内容，或针对学生的困难提供额外的支持。此外，教师还可以通过问卷调查、课堂观察等方式，定期评估学生对岭南文化的认知和学习效果。

第五节 岭南文化融入外语教学的未来展望

一、全球化背景下文化教学的发展趋势

在全球化背景下，文化教学的重要性日益凸显。随着国际交往的日益频繁，不同文化之间的交流和融合日趋深化。岭南文化作为中国南方地区的一种独特文化，其丰富的历史和民俗传统为外语教学提供了宝贵的资源。在

全球化的背景下,文化教学应强调多样性和包容性,注重培养学生的跨文化交际能力和全球视野。这要求教师在教学中融入更多的文化内容,以帮助学生了解和尊重不同文化,提高对全球多样文化的认知和理解。

二、岭南文化在外语专业教学中的长远影响

岭南文化的融入对外语专业教学具有长期且深远的影响。首先,它可以丰富外语专业教学的内容,使学生在学习语言的同时,也能深入了解岭南文化,从而提高自身的文化素养。其次,岭南文化的融入可以增强学生对文化的认同感和自豪感,特别是对在岭南地区学习外语的学生而言,这种认同感尤为重要。此外,岭南文化的融入有助于培养学生的文化自信,促进中外文化的交流和互通,从而提升外语专业教学的质量和水平。

三、跨文化交流与岭南文化的国际传播

岭南文化在外语教学中的应用有助于促进跨文化交流,并推动岭南文化的国际传播。通过外语教学,学生可以更深入地了解岭南文化,这有助于他们在与外国友人或同学交流时更好地介绍和传播岭南文化。此外,教师和学生在国际学术交流中也可以通过分享岭南文化的相关知识和经验,扩大岭南文化在国际上的影响力。通过加强与其他国家的文化交流,岭南文化在国际社会中的认知度和认同感将进一步提高。

第四章 岭南文化在外语教学中的应用实践

岭南文化在外语教学中的应用实践是探索如何将区域文化融入语言学习的具体案例研究。本章首先围绕岭南文化在日语教学中的应用实践，分析如何利用岭南文化元素来丰富日语课程，以提升学生的学习兴趣和文化认知。其次研究岭南文化在韩语教学中的应用实践，展示在韩语课堂中融入岭南文化的创新方式；最后探讨岭南文化在英语教学中的应用实践，揭示其在英语教学中提高学生跨文化交际能力和语言掌握水平的潜力。

第一节 岭南文化在日语教学中的应用实践

岭南文化在日语教学中的应用具有重要的意义和价值，不仅有助于提升学生对日语的学习兴趣和理解能力，还能加深他们对岭南文化的了解与认同。学生可以在日语学习中感受到文化的多样性和丰富性，从而提高他们的跨文化理解与沟通能力，为未来的国际交流与合作奠定坚实的基础。

一、岭南文化与日语教学融合的策略

(一) 介绍岭南文化元素在日语教材中的体现

第一，文学作品选读。岭南地区具有丰富的文学传统，如粤语文学、广府文化等。将岭南文学作品纳入日语教学中，不仅可以帮助学生加深对岭南文化的了解，还能促进他们对日语文学的理解。教材中可以选择一些岭南作家创作的作品，如小说、散文等，将其进行日语翻译或双语对照。这种方式不仅有助于学生提升阅读能力，还可以让学生通过对比不同语言表达的方式，更好地理解文化的多样性。

第二，传统文化习俗的日语表达。岭南地区的传统文化习俗丰富多样，如广府舞狮、龙舟竞渡、粤剧等。这些文化习俗在日语教学中可以通过专门的课程模块进行介绍。教师可以设计课程，教授学生这些传统文化习俗的日语表达方式，让学生在学习日语的同时，对岭南文化产生更深入的了解。此外，结合节日活动，如春节、中秋节等，组织学生参与岭南文化体验活动，可以让学生在真实的文化环境中实践所学的日语知识。

第三，当代岭南文化现象的日语描述。除了传统文化，岭南地区还拥有丰富的当代文化现象，如岭南音乐、影视、艺术等。这些当代文化现象可以通过日语教材中的相关课文或案例进行呈现。学生可以学习如何用日语描述这些当代文化现象，提升他们的表达和理解能力。同时，这也为学生提供了与日本文化进行比较的机会，帮助他们加深对中日文化差异的认识。

(二) 充分利用岭南文化资源丰富日语课堂教学

第一，情景模拟与角色扮演。通过将岭南文化融入日语课堂，教师可以设计情景模拟与角色扮演活动。例如，让学生模拟岭南文化中的传统节日庆典，使用日语进行对话和交流。这种教学方式不仅能激发学生的兴趣，还能锻炼他们的口语表达能力。此外，学生在角色扮演中可以学习到更多关于岭南文化的知识，加深对文化的理解。

第二，实地考查与文化体验。实地考查和文化体验是将岭南文化与日语教学相结合的重要方式。教师可以组织学生参观岭南地区的博物馆、文化遗产、传统市场等，学习相关的日语词汇和表达。同时，通过亲身体验岭南文化，学生可以更直观地感受到文化的魅力，提高他们对日语学习的兴趣。

第三，互动教学与小组合作。互动教学和小组合作是日语教学中的重要方法，通过将岭南文化作为主题，可以让学生在小组中共同探讨、交流。教师可以设计小组任务，如制作岭南文化介绍视频、编写岭南文化旅游指南等，让学生在完成任务的过程中学习日语，并与小组成员进行沟通。这种教学方式不仅能提高学生的团队合作能力，还能增强他们对岭南文化的了解和对日语的掌握。

(三) 结合岭南文化特色编写日语教材与教辅材料

第一，结合岭南文化编写日语教材。岭南文化与日语教学的融合需要教材的支持。教师和教材编写者可以通过整合岭南文化元素，编写出适合学生学习的日语教材。这些教材可以包含岭南地区的文化、历史、习俗等内容，通过日语的呈现，让学生在学习日语的同时了解岭南文化。此外，教材中可以加入岭南文化的图片、音频和视频等多媒体素材，增强教材的趣味性和吸引力。

第二，开发配套的教辅材料。除了教材，教辅材料也是日语教学的重要组成部分。教师可以开发配套的教辅材料，如岭南文化与日语教学的练习题、文化知识手册等。这些材料可以帮助学生更好地理解和掌握日语，同时加深对岭南文化的了解。此外，教师还可以开发线上学习资源，如岭南文化与日语教学的在线课程、互动练习等，方便学生随时随地进行学习。

二、岭南文化融入日语教学的案例分析

(一) 岭南文化 (粤菜) 融入日语教学的案例

所用教材：《日语精读》第二册，第8课"日本人の食事"

1. 教学目标

(1) 让学生了解和掌握粤菜的基本特点和代表性菜品。

(2) 通过与日本料理的对比，理解两种菜系之间的异同。

(3) 提高学生的跨文化交流能力和日语语言应用能力。

2. 教学内容

(1) 粤菜概述：介绍粤菜的历史、特点、烹饪技法等。

(2) 代表性粤菜介绍：如白切鸡、烧鹅、叉烧等。

(3) 日本料理概述：介绍日本料理的历史、特点、分类等。

(4) 代表性日本料理介绍：如寿司、天妇罗、拉面等。

(5) 粤菜与日本料理的对比：从食材、烹饪技法、口味、餐具等方面进行对比。

3. 教学方法

（1）讲授法：通过 PPT 展示和口头讲解，介绍粤菜和日本料理的基本知识。

（2）案例分析法：选取代表性菜品，分析它们的制作过程和特点，对比两种菜系的异同。

（3）角色扮演法：模拟餐厅场景，学生分别扮演粤菜厨师、日本料理厨师和顾客，进行互动对话，加深对两种菜系的理解。

（4）小组讨论法：学生分组讨论粤菜和日本料理的异同点，并分享自己的见解和感受。

4. 教学步骤

（1）导入新课：通过展示粤菜和日本料理的图片或视频，引起学生的兴趣，导入新课。

（2）知识讲解：分别介绍粤菜和日本料理的历史、特点、分类等基本知识。

（3）案例分析：选取代表性菜品，如白切鸡和寿司，分析它们的制作过程和特点，对比两种菜系的异同。

（4）角色扮演：模拟餐厅场景，学生分别扮演粤菜厨师、日本料理厨师和顾客，进行互动对话。在对话中，学生可以用日语介绍各自菜品的制作方法、口感特点等。

（5）小组讨论：学生分组讨论粤菜和日本料理的异同点，并分享自己的见解和感受。教师给予点评和总结。

（6）作业布置：要求学生撰写一篇关于粤菜与日本料理对比的短文，进一步巩固所学知识。

5. 教学反思

通过本次教学，学生可以更加深入地了解粤菜和日本料理的异同点，提高跨文化交流能力和日语语言应用能力。同时，通过角色扮演和小组讨论等互动环节，激发学生的学习兴趣和积极性，提高教学效果。在教学过程中，教师应注意引导学生积极参与和思考，营造良好的课堂氛围。

(二) 岭南文化（粤剧）融入日语教学的案例

所用教材：《日语精读》第二册，第10课"歌舞伎"

1. 教学目标

（1）让学生了解粤剧和日本歌舞伎的基本特点与历史文化背景。

（2）通过对比粤剧与歌舞伎，加深学生对本国文化和日本文化的理解。

（3）培养学生的跨文化交际能力，提高日语语言实际应用能力。

2. 教学内容

（1）粤剧概述：介绍粤剧的历史、表演形式、角色分类、音乐与唱腔等。

（2）日本歌舞伎概述：介绍歌舞伎的历史、表演形式、角色分类、音乐与舞蹈等。

（3）粤剧与歌舞伎的对比：从历史义化背景、表演风格、服饰道具、音乐舞蹈等方面进行对比分析。

3. 教学方法

（1）讲授法：通过PPT展示和口头讲解，介绍粤剧与歌舞伎的基本知识。

（2）视频欣赏：播放粤剧与歌舞伎的经典片段，让学生直观感受两种表演艺术的魅力。

（3）角色扮演：邀请学生尝试扮演粤剧或歌舞伎中的角色，进行简单的表演实践。

（4）小组讨论：学生分组讨论粤剧与歌舞伎的异同点，并分享自己的见解和感受。

4. 教学步骤

（1）导入新课：通过提问学生对中国和日本传统戏剧的了解，引导学生进入新课主题。

（2）知识讲解：分别介绍粤剧和日本歌舞伎的历史、特点、表演形式等基本知识。

（3）视频欣赏：播放粤剧经典剧目《帝女花》和歌舞伎经典剧目《忠臣藏》的片段，让学生感受两种传统戏剧的艺术魅力。

（4）角色扮演：邀请学生自愿尝试扮演粤剧或歌舞伎中的角色，进行简单的表演实践。教师和其他学生可以提供建议和意见，促进互动学习。

（5）小组讨论：学生分组讨论粤剧与歌舞伎的异同点，包括历史文化背景、表演风格、服饰道具、音乐舞蹈等方面。每组选派一名代表汇报讨论结果，教师给予点评和总结。

（6）作业布置：要求学生撰写一篇关于粤剧与歌舞伎对比的短文，要求从历史文化、表演风格、艺术价值等方面进行分析和评价，同时鼓励学生尝试用日语进行表达和阐述。

5. 教学反思

通过本次教学，学生可以更加深入地了解粤剧和日本歌舞伎的历史文化背景和特点，同时提高对本国文化和日本文化的理解和认知。通过视频欣赏和角色扮演等互动环节，激发学生的学习兴趣和积极性，提高教学效果。在小组讨论和作业布置中，培养学生的跨文化交际能力和日语语言实际应用能力。在教学过程中，教师应注意引导学生积极参与和思考，营造良好的课堂氛围。同时，也需要注意平衡粤剧和歌舞伎的介绍与对比，确保学生能够获得全面的学习体验。

第二节　岭南文化在韩语教学中的应用实践

一、岭南文化在韩语教学中的融入意义

岭南文化作为中国南方地区的特色文化，涵盖了丰富的历史、民俗、艺术和地域特色。在韩语教学中融入岭南文化具有重要的意义，主要体现在以下五个方面：

第一，增强学生的文化认知。将岭南文化融入韩语教学可以帮助学生更好地了解岭南地区的文化背景，包括其历史、文学、艺术、音乐、饮食等方面。这种认知不仅丰富了学生对岭南文化的理解，也让学生在学习韩语的同时，对中国南方文化产生更全面的认识。

第二，提高跨文化交际能力。韩语教学中融入岭南文化可以帮助学生提高跨文化交际能力。通过了解岭南文化，学生可以更好地与韩国文化进行比较，深化对不同文化之间的异同和联系的理解，这种理解有助于学生在未来的跨文化交际中更加自信和得体。

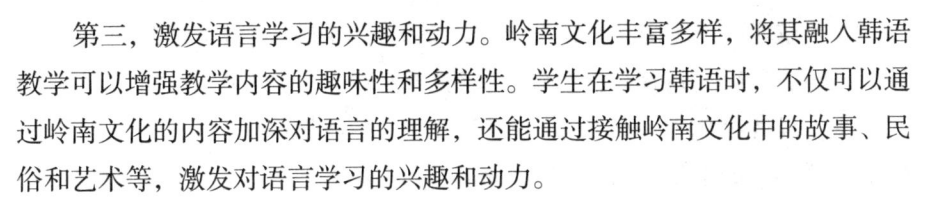

第三，激发语言学习的兴趣和动力。岭南文化丰富多样，将其融入韩语教学可以增强教学内容的趣味性和多样性。学生在学习韩语时，不仅可以通过岭南文化的内容加深对语言的理解，还能通过接触岭南文化中的故事、民俗和艺术等，激发对语言学习的兴趣和动力。

第四，培养国际视野与文化尊重。将岭南文化融入韩语教学有助于培养学生的国际视野和文化尊重。学生通过学习岭南文化，可以进一步理解中国文化在世界文化中的地位和贡献。同时，这也有助于他们在跨文化交流中更加尊重和包容其他文化。

第五，支持中韩文化交流与合作。岭南文化融入韩语教学可以为中韩两国之间的文化交流和合作提供支持。通过学习岭南文化，韩语学习者可以更好地理解中国文化，这有助于他们在未来的中韩交流与合作中更好地沟通和协作。

二、岭南文化在韩语教学中的应用策略

(一) 将岭南文化元素融入韩语课程内容的设计中

在韩语教学中融入岭南文化元素的课程内容设计是一项综合而复杂的任务，需要教师充分考虑岭南文化的独特性以及韩语教学的目标和要求。教师应从以下四个方面着手，将岭南文化元素有机地融入韩语课程内容的设计中：

第一，选择与韩语学习密切相关的岭南文化主题。例如，教师可以选用岭南文学中的经典作品，如《牡丹亭》或《西厢记》的片段，帮助学生理解古代岭南文化的文学魅力。同时，历史课程中可以加入关于岭南地区的历史事件和人物，如南越王赵佗的故事，这不仅能够引发学生的兴趣，还能帮助他们更好地理解韩语在不同文化背景下的运用。

第二，在不同语言技能训练中融入岭南文化元素。例如，在口语练习中，教师可以设计与岭南文化相关的情景对话，如"参观岭南古村落"，学生在模拟真实生活情境的对话中运用韩语，更具生动性与趣味性。

学生导游："안녕하세요, 여러분. 오늘은 영남의 고대 마을을 방문하게 되어서 정말 기쁩니다. (大家好，今天我们很高兴参观岭南古村落。)"

学生游客："안녕하세요, 여기 고대 마을은 어떤 역사적인 의미가 있나요? (您好，这个古村落有什么历史意义呢？)"

学生导游："이 마을은 약 600년의 역사를 가지고 있으며, 옛날 영남 지역의 전통 건축과 문화를 잘 보여줍니다. (这个村落有大约600年的历史，很好地展示了古代岭南地区的传统建筑和文化。)"

第三，注重课程内容的多样化和丰富性。通过提供广泛的岭南文化资源，教师可以丰富课程内容。例如，教师可以利用纪录片《老广的味道》《风味人间》《寻味顺德》等，展示岭南地区的特色美食，如白切鸡(백지계)、叉烧包(차슈바오)等，让学生在了解岭南美食文化的同时，学习相关的韩语表达。此外，教师还可以展示岭南的传统艺术品，如广彩瓷器或剪纸艺术，激发学生对岭南文化的兴趣。

第四，重视学生的反馈并及时调整教学策略。教师应与学生进行交流，了解他们在课程中遇到的困难和感兴趣的主题。例如，如果学生对岭南民间故事特别感兴趣，教师可以增加关于这些故事的阅读材料，并组织相关的讨论和写作练习。通过不断优化课程设计，教师可以更好地满足学生的需求和期望。

(二) 利用岭南文化特色设计丰富的韩语教学活动

在韩语教学中利用岭南文化特色设计丰富的教学活动是激发学生学习兴趣、提高教学效果的重要方法。这种创新的教学方式不仅可以帮助学生在真实的语言环境中运用韩语，还能让他们更深入地了解岭南文化的多样性与独特性。教师可以从以下四方面入手，将岭南文化特色融入韩语教学活动中：

第一，组织岭南文化主题的讨论活动。教师可以组织学生进行岭南文化主题的讨论活动。例如，可以探讨岭南的龙舟节，学生可以分享对这一节日的看法和体验。这些讨论活动不仅锻炼了学生的口语韩语表达能力，还增强了他们对岭南文化的理解和认知。

教师提问："여러분, 오늘은 영남의 전통 축제인 용선제를 알아보겠습니다. 여러분은 용선제에 대해 어떤 생각을 가지고 있나요? (大家好，今天我们来了解岭南的传统节日——龙舟节。大家对龙舟节有什么看法呢？)"

学生A："저는 용선제를 좋아해요. 아주 흥미롭고 신나는 축제라고 생

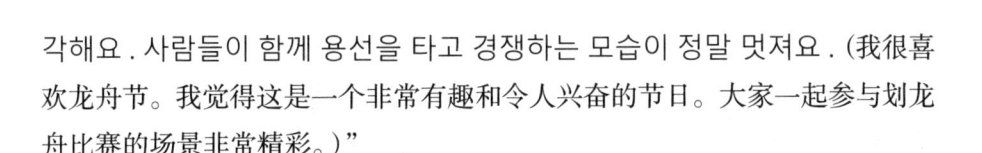

각해요. 사람들이 함께 용선을 타고 경쟁하는 모습이 정말 멋져요.(我很喜欢龙舟节。我觉得这是一个非常有趣和令人兴奋的节日。大家一起参与划龙舟比赛的场景非常精彩。)"

学生 B:"맞아요, 저도 그렇게 생각해요. 용선제는 가족과 친구들이 함께 모여 즐기는 시간이기도 해요. 특히 용선 경주가 가장 재미있어요.(对，我也这么觉得。龙舟节也是家人和朋友一起欢聚的时光。特别是龙舟比赛最有意思。)"

学生 C:"저는 작년에 처음으로 용선제를 경험했어요. 용선 경주 외에도 전통 음식과 공연이 있어서 정말 즐거웠어요.(我去年第一次体验龙舟节。除了龙舟比赛，还有传统美食和表演，真的很开心。)"

第二，设计角色扮演和情景模拟活动。教师可以设计角色扮演和情景模拟活动，让学生在真实情境中体验岭南文化与韩语的结合。例如，可以模拟岭南风格的茶馆，学生扮演店员和顾客，用韩语点茶、聊天，体验岭南的茶文化。

学生店员:"안녕하세요, 영남 다원에 오신 것을 환영합니다. 무엇을 드시겠어요? (您好，欢迎光临岭南茶馆。请问您想喝点什么？)"

学生顾客:"안녕하세요, 저는 철관음 차 한 주전자 부탁드려요. (你好，我想要一壶铁观音茶。)"

学生店员:"네, 알겠습니다. 잠시만 기다려 주세요. 다과도 필요하세요? 저희는 차슈바오와 새우만두가 있습니다.(好的，请稍等。我马上为您准备。需要点心吗？我们有叉烧包和虾饺。)"

学生顾客:"네, 차슈바오 하나와 새우만두 하나 주세요.(好的，请给我一个叉烧包和一个虾饺。)"

这些互动性的教学方式让学生在实际应用中熟悉韩语的不同用法，同时亲身感受岭南文化的独特魅力。

第三，欣赏和学习岭南文化中的艺术形式。教师可以引导学生欣赏和学习岭南文化中的艺术形式，如音乐、舞蹈、戏剧等。例如，播放岭南音乐《步步高》，让学生在欣赏音乐的同时，用韩语讨论他们的感受。

教师提问:"여러분, 방금 들은 음악은 영남의 전통 음악인《보보고》입니다. 이 음악에 대해 어떻게 생각하셨나요? (大家好，刚刚听到的音乐是

岭南的传统音乐《步步高》。大家有什么感受呢？）"

学生 A："저는 이 음악이 매우 경쾌하고 기분을 좋게 해준다고 생각해요．특히 악기의 소리가 정말 독특해요．（我觉得这音乐非常欢快，让人心情愉悦。特别是乐器的声音非常独特。）"

学生 B："맞아요, 저도 그렇게 생각해요．이 음악을 들으면 마치 축제에 참여하는 것 같은 느낌이에요．（对，我也这么觉得。这音乐让人感觉好像参加节日庆典一样。）"

学生 C："저는 이 음악을 들으면서 고향의 전통 축제가 생각났어요．영남의 전통 음악은 정말 매력적이네요．（我听这音乐的时候，想起了家乡的传统节日。岭南的传统音乐真的很有魅力。）"

第四，设计创意性任务。教师可以设计创意性任务，让学生以小组形式合作完成与岭南文化相关的项目。例如，制作岭南文化导游手册，学生可以选择岭南的名胜古迹，如广州塔、陈家祠，用韩语介绍其历史和文化背景。创作岭南风格的短剧，学生编写剧本并进行表演，通过角色扮演深入理解岭南文化。制作岭南美食视频，学生用韩语讲解制作过程，展示岭南的饮食文化。这些任务不仅培养了学生的合作能力和创造力，还促进了他们对岭南文化和韩语的综合运用。

（三）开发岭南文化与韩语学习结合的多媒体资源

开发岭南文化与韩语学习相结合的多媒体资源，不仅丰富了韩语教学的内容，还通过多样化和互动性的学习方式，提升了学生对岭南文化的理解和韩语的掌握。教师可以从以下五个方面着手，开发岭南文化与韩语学习相结合的多媒体资源：

第一，教师可以充分利用现有的岭南文化资源，如视频、音频、图书和艺术作品等，将其与韩语教学结合，制作多媒体教学材料。例如，通过选择岭南传统音乐、舞蹈或戏剧的片段，并配以韩语字幕和讲解，让学生在欣赏岭南文化的同时练习韩语听力。

第二，教师可以通过数字技术制作虚拟现实（VR）和增强现实（Augmented Reality，AR）体验，让学生沉浸式体验岭南文化。例如，教师可以利用 VR 技术模拟岭南地区的历史遗迹、文化景点和传统节日，让学生通过虚拟旅行的方式了解岭南文化的多样性和独特性。同时，AR技术可以用于增加课堂教学的互动性，例如通过手机应用展示岭南文化的艺术品和建筑，让学生在实际操作中练习韩语描述。

第三，教师可以制作岭南文化主题的多媒体课程和在线资源，为学生提供灵活的学习选择。通过网络课程和在线学习平台，学生可以自主选择岭南文化相关的学习内容，如观看岭南文化纪录片、阅读岭南文学作品或参与线上讨论。这种灵活的学习方式不仅有助于学生更好地安排学习时间，还能促进他们对岭南文化与韩语学习的综合运用。

第四，教师可以设计以岭南文化为主题的互动游戏和测试，提高学生的学习参与度和积极性。例如，通过制作岭南文化知识问答、韩语角色扮演游戏等，教师可以帮助学生在轻松愉快的氛围中巩固知识，提高语言技能。

第五，教师可以鼓励学生自主制作岭南文化与韩语学习结合的多媒体资源。例如，学生可以制作岭南文化主题的短视频、音乐、绘画作品等，并以韩语进行介绍和表达。这种方式不仅培养了学生的创造力和语言运用能力，还增强了他们对岭南文化的认知和欣赏。

(四) 组织学生参与岭南文化体验活动以提升韩语实践能力

通过组织学生参与岭南文化体验活动，如参观岭南文化博物馆、参加岭南传统节庆等，学生可以在真实环境中应用韩语。这些活动不仅有助于学生在语言学习的同时亲身体验岭南文化，加深对文化的理解和认同，还提供了丰富的学习体验和实践机会。

第一，教师可以组织学生参观岭南文化博物馆和历史遗迹，了解岭南地区的历史、艺术和文化。学生在参观过程中可以通过韩语讲解、问答和讨论等方式，加深对岭南文化的认知和理解。同时，教师可以设计相关任务，如让学生以韩语撰写参观报告或制作岭南文化介绍视频，这将进一步巩固学生的语言表达能力。

第二，教师可以带领学生参加岭南地区的传统节庆活动，如龙舟竞渡、花市、舞狮等。这些活动为学生提供了观察岭南文化传统习俗的机会，让他们在感受热闹非凡的节日气氛的同时，提升对岭南文化的感性认知。学生可以通过与当地居民交流、参与活动组织等方式，进一步锻炼韩语的口语表达和沟通能力。

第三,教师可以安排学生参与岭南文化的手工艺和饮食制作活动。例如,学生可以学习制作岭南传统美食,如叉烧包、虾饺等,或参与岭南传统手工艺品的制作,如剪纸、陶瓷等。这些活动不仅能帮助学生体验岭南文化的精髓,还能让他们在实践过程中使用韩语进行交流和指导。

第四,教师在组织这些活动时应提前做好活动计划,包括确定活动主题、内容和形式,并与学生进行充分的沟通和准备工作。例如,提前教会学生相关的韩语词汇和表达方式,或提供有关岭南文化背景的学习资料。这样,学生在参与活动时将更加自信和熟练。

第五,教师在活动结束后可以组织学生进行总结和分享,通过韩语表达他们的体验、感受和收获。学生可以撰写活动报告、制作演示文稿或进行口头汇报,这将帮助他们巩固学习成果,并提高韩语写作和口语表达能力。

第三节 岭南文化在英语教学中的应用实践

一、将岭南文化具体应用到英语课程教学活动中

在英语教学中,将岭南文化作为主题或材料,不仅可以提高学生的英语学习兴趣,还能增强他们对岭南文化的认知。

(一)岭南文化在英语不同课程教学中体现

1. 以岭南传统节日为主题的英语听说课

以岭南传统节日为主题的英语听说课可以将岭南文化与英语教学相结合,这种课程以岭南地区丰富的传统节日为主题,如端午节、中秋节和清明节等。这些节日蕴含着深厚的历史和文化内涵,为学生提供了一个学习文化和语言的双重机会。在英语听说课中,教师可以设计与这些传统节日相关的听力材料,让学生通过听取录音了解节日的背景、由来、习俗和食品等。例如,通过听取有关中秋节的录音,学生可以学习到中秋节的历史来源、月饼的制作和赏月的传统。通过这种方式,学生不仅可以提高自己的英语听力理解能力,还能在听的过程中学习到岭南传统节

日的文化知识。在听取完相关录音后，学生可以通过口头陈述或小组讨论的形式表达自己的感受和观点。学生可以听完端午节的录音后，讨论不同地区的粽子种类和龙舟比赛的规则。例如："In Guangdong, we have sweet and salty zongzi.What kind of zongzi do you have in your hometown？在广东，我们有甜粽子和咸粽子。你们家乡有什么样的粽子？）"通过这种讨论，学生不仅能够学习到不同的英语表达，还能了解到各地的文化差异。学生还可以模拟在岭南的家庭中进行的中秋节活动，一家人坐在院子里赏月，并用英语讨论月亮的传说和吃月饼的体验。例如："Look at the moon tonight, it's so bright！ Have you heard about the legend of Chang'e？（看今晚的月亮，好亮啊！你听说过嫦娥的传说吗？）""Yes，it's fascinating！ And these mooncakes are delicious.(是啊，太迷人了！这些月饼很好吃。）"这种互动性活动有助于学生提升口语表达能力，并锻炼他们的思维和沟通技巧。学生还可以分享自己对节日的看法，讨论岭南地区与其他地区的节日习俗差异，或者提出自己对于节日文化的想法和见解。

在英语听说课堂上，教师可以引导学生进行小组讨论，鼓励他们在讨论中运用所学的英语词汇和句型。通过交流和讨论，学生不仅能够加深对岭南传统节日的理解，还能提高自己的英语口语能力。此外，教师可以要求学生进行相关的演示或展示，来进一步巩固学生对节日文化和语言知识的掌握。通过以岭南传统节日为主题的英语听说课，学生可以在学习英语的同时，深入了解岭南文化的丰富内涵。这种教学方式不仅有助于学生提高英语听说能力，还能增强他们对本土文化的认同感和理解力。通过这种文化和语言的结合，学生可以在未来的学习和交流中更好地展示和传播岭南文化，为文化传承和创新贡献自己的力量。

2. 以岭南特色建筑为话题的英语写作练习

通过以岭南特色建筑为话题的英语写作练习，可以加深学生对岭南文化的理解，同时提高他们的英语写作能力。岭南地区拥有独特的建筑风格，如粤剧戏台、祠堂、骑楼等。这些建筑在外观、结构和用途上都具有独特的特点，反映了岭南地区独特的文化和历史。教师可以指导学生查阅有关岭南特色建筑的资料，了解这些建筑的历史、文化背景和设计特点。学生可以学习到这些建筑的起源、发展历程以及它们在岭南文化中的地位和重要性。例如，他们可以研究粤剧戏台的舞台设计和装饰，了解祠堂的宗族文化和骑楼的建筑特色等。

在英语写作练习中，学生可以通过选择一种岭南特色建筑作为主题，如 A Visit to the Chen Clan Ancestral Hall（开平碉楼的建筑之美）、The Architectural Beauty of Kaiping Diaolou（参观陈氏宗祠）进行游记、描述文等形式的写作练习。学生可以通过游记的形式，描述他们参观岭南特色建筑的经历，分享他们在参观中的感受和见闻。同时，他们可以通过描述文的形式，详细介绍某一种建筑的外观、内部结构、装饰风格以及其在岭南文化中的意义。这种写作练习不仅可以提高学生的英语写作能力，还能培养他们对岭南文化的观察力和理解力。学生在写作过程中需要运用恰当的英语词汇和句型，准确表达他们对岭南特色建筑的见解和观点。这种形式的写作练习还可以锻炼学生的逻辑思维和表达能力。通过英语写作练习，学生可以在实践中巩固所学的语言知识，教师可以通过评价学生的写作作品，提供具体的反馈和建议，帮助学生改进写作技巧，并引导他们更深入地探究岭南文化的内涵和价值。

3. 以岭南音乐为素材的英语听力训练

以岭南音乐为素材的英语听力训练不仅能够让学生了解岭南文化的艺术特色，还能帮助他们提高英语听力能力，并培养对岭南音乐的欣赏和理解。教师可以选择岭南音乐作品，如粤曲和粤剧，作为听力训练的材料。这些音乐作品以其独特的艺术风格和表现形式，展现了岭南文化的精华。在聆听过程中，学生可以接触到岭南音乐特有的旋律、节奏和演唱风格。这些元素体现了岭南文化的艺术传统和美学观念，为学生提供了一种新颖的学习体验。

在听力训练后，教师可以引导学生对岭南的粤曲和粤剧音乐作品进行讨论，学生可以交流自己对音乐作品的感受和看法，分享他们对作品内容、形式和特点的理解。下面以粤剧经典剧目《帝女花》(The Flower Princess) 为例。

教师导入："Now that we've listened to excerpts from the Cantonese opera 'The Flower Princess', let's discuss our thoughts and impressions. What are your initial reactions to the music and the story？（我们已经听了粤剧《帝女花》的片段，现在一起讨论一下我们的想法和印象。你对音乐和故事的第一印象

是什么？)"

学生 A: "I found the music in 'The Flower Princess' to be very emotional. The use of traditional instruments like the erhu really added to the dramatic effect. The story itself was also very tragic but beautiful. (我觉得《帝女花》的音乐非常感人，二胡等传统乐器的使用确实增加了戏剧效果，故事本身很悲惨，但却是美丽的。)"

学生 B: "I agree. The vocals were particularly expressive, conveying deep sorrow and longing. I was struck by how the singers used their voices to tell the story, even if I didn't understand every word. (我同意，歌声特别富有表现力，表达了深深的悲伤和渴望，虽然不是每个字都能听懂，但是我被歌手们用他们的声音讲述故事的方式深深打动了。)"

学生 C: "The costumes and staging in the videos we watched were also very impressive. They added a lot to the overall experience, making the opera feel very immersive. (我们观看的视频中服装和舞台也非常令人印象深刻，增加了很多整体体验，歌剧给人一种身临其境的感觉。)"

这种互动性活动可以锻炼学生的口语表达能力和批判性思维能力。在讨论过程中，教师可以引导学生关注音乐作品中的文化元素，如歌词的内容、音乐的情感表达以及传统乐器的运用。学生可以探讨这些元素与岭南文化的关联，深入了解岭南音乐的历史和发展。这种多层次的探讨有助于学生全面理解岭南音乐的艺术价值和文化内涵。此外，教师可以通过补充背景知识，帮助学生更好地理解音乐作品。例如，教师可以介绍粤曲和粤剧的起源和发展，讲解其在岭南文化中的地位和影响。学生在了解背景知识后，可以更好地欣赏音乐作品，并在讨论中提出更有见地的观点。

（二）岭南文化融入英语专业课程教学案例

下面主要探讨岭南文化融入英语专业"中国文化"课程教学。"中国文化课程课时紧、内容多、涉及面广，将岭南文化融入中国文化教学当中势必加重该课程的任务。"❶ 在把岭南文化融入中国文化教学的过程中，不仅要在

---

❶ 谭静. 岭南文化融入广东省应用型高校英语专业"中国文化"课程的教学机制研究 [J]. 湖北开放职业学院学报，2020，33(8): 157.

内容上进行整合和思考，找准构建岭南文化与中国传统文化的契合点，更需要改变原有单一知识灌输的教学理念，针对英语专业学生的基础和特点，在教学实践中开展多样的、灵活的"融入"形式，可以采取课前导入、课中融合和课后实践的方式将岭南文化融入英语课程教学当中。

1. 课前导入

在中国文化课程的教学中，引入岭南文化作为课前导入的方式，可以有效地增强课堂的吸引力和实效性。教材编写通常以文化项目为单元，分主题介绍中华大文化。而通过在课前引入岭南文化的相关知识，将课程内容与学生的生活经验紧密联系，能够更直接地引起学生的兴趣。在讲授中国文化的不同主题时，教师可以通过介绍岭南文化的相关内容引入本节课的主题。例如，在讲授中国美食之前，可以以岭南地区的传统饮食习惯和特色美食为切入点，让学生在熟悉的文化背景中了解中国其他地区的菜系特点，教师可以提问："Before diving into the diverse world of Chinese cuisine, we can start with the traditional dietary habits and unique delicacies of the Lingnan region.This approach allows students to understand the culinary diversity of China within a familiar cultural context.Let's explore some typical Lingnan dishes and customs, and then compare them with other regional cuisines. (在深入了解中国美食的多样性之前，我们可以从岭南地区的传统饮食习惯和独特美食开始，这样可以让学生在熟悉的文化背景下了解中国烹饪的多样性。让我们来探索一些典型的岭南菜肴和习俗，然后将它们与其他地方美食进行比较。)"这种方式不仅能使学生对国家主流文化有更丰富、更全面的认识，还能在课堂中带来新的视角和理解。

2. 课中融合

在岭南文化融入中国文化课程的教学过程中，教师应将多种教学方法相结合，充分发挥学生的主体性，引导学生利用已有的文化背景、思维方式和生活经验主动参与课堂互动。首先，教师根据课程内容和课前任务，提出一些具有探究价值的问题，供学生进行选择。这些问题可以包括岭南文化与中华大文化的对比、中西文化的比较等。例如，教师可以提问："How do the dietary habits and popular dishes of the Lingnan region compare with those of Northern China？ Consider factors such as ingredients, cooking methods, and cultural significance.（与中国北方地区相比，岭南地区的饮食习惯和流行菜肴如何？考虑食材、烹饪方法和文化意义等因素。）"学生在选择问题和分组后，通过小组讨论、体验式参与等方式进行探究式学习。这种教学方法鼓励学生主动思考和参与，促进对文化现象的深入理解和分析。在课堂上，学生通过各种形式汇报自己的学习成果，如 PPT 展示、小型比赛、小型展览会等。这种汇报方式不仅能提升学生的语言表达能力，还能锻炼他们的创造思辨能力和跨文化技能。在课程主题的学习过程中，例如"中国建筑"主题学习，教师可以引导学生了解岭南建筑的种类和特点，并通过小组活动讨论岭南建筑与西方建筑结构的异同。这样，学生在课堂实践中进行探索性和实践性的任务，最终能够实现深度学习和文化理解层面的提升。

3. 课后实践

课后实践是将岭南文化融入中国文化课程的关键环节，能够弥补传统课堂教学时间的限制，直接而高效地向学生呈现岭南文化的魅力。这一实践环节帮助学生更好地掌握岭南文化的相关知识，并对其精神内涵有更深刻的理解。教师应充分利用当地的博物馆、纪念馆、历史景点等公共资源，将课堂教学延伸到真实的文化环境中。通过组织学生参观岭南文化的代表性场所，如博物馆、历史建筑和民间工艺展览，学生可以亲身感受岭南文化的艺术与历史遗产。这种近距离的接触和体验，有助于学生在实践中加深对岭南文化的认识，并培养他们对本土文化的自豪感和认同感。在组织课后实践活动之前，教师应提前向学生介绍主题活动的相关知识，布置探究性的问题，引导学生在实践中带着问题进行观察和学习。在参观过程中，学生可以记录他们的发现和思考，为回到课堂上的交流讨论奠定基础。这种方式不仅能促进学生对岭南文化的深层次理解，还能加强学生的研究和思辨能力。通过课后实践活动，教师和学生之间可以开展深入的交流，同时学生之间也可以分享各自的体验和见解。这种互动模式有助于培养学生的团队合作精神和沟通能力。在课后实践环节的推动下，学生可以更全面地理解岭南文化的丰富内涵，并在实际应用中巩固课堂上所学的知识。

教师在将岭南文化融入教学的过程中，不应仅局限于对岭南地区民风民俗的简单讲解，更应引导学生探究岭南文化符号背后的观念层面，揭示这些文化中体现的地方性和民族性的深层次内涵。通过这种方式，学生能够对岭南文化的理解更加深入。教师应鼓励学生在学习岭南文化的同时,对其进行反思和评判。虽然岭南文化蕴含着许多优秀的传统和特色,但其中也存在一些需要批判和反省的部分。在"融入"过程中,教师要引导学生对岭南文化进行理性的判断,包括思考其优势与局限性。这种反思不仅能帮助学生更全面地理解岭南文化,还能培养他们独立思考的能力。同时,教师应引导学生探讨岭南文化的未来发展,思考他们自身在岭南文化发展中的作用。这种讨论有助于学生从文化的角度了解自身在社会中的位置和责任。通过了解文化背后的隐形含义,学生能够更好地认识到自己在岭南文化传承和创新中的角色。通过这种文化反思和探讨,学生能够达成更深层次的文化理解。教师应注重引导学生在学习中不仅仅停留在对岭南文化的表面认知上,而是要深入挖掘其中的内涵和价值。这种深刻的文化认同和理解,有助于学生在全球化背景下更好地认知和保护本土文化。

二、组织学生参与岭南文化相关的英语实践活动

除课堂教学外,组织学生参与岭南文化相关的英语实践活动也是一种有效的教学方式。这些活动可以帮助学生更深入地了解岭南文化,同时提高他们的英语实际运用能力。

(一)岭南文化主题的英语演讲比赛

岭南文化主题英语演讲比赛可以为学生提供一个展示自己对岭南文化理解的机会,同时通过英语演讲提高其语言表达能力和演讲技巧。在这个过程中,学生可以选择一个与岭南文化相关的主题,如岭南音乐、传统节日、岭南建筑、岭南艺术、岭南饮食等,通过充分的研究和准备,深入探讨这个主题的各个方面。在准备过程中,学生需要收集大量与主题相关的信息,深入了解岭南文化的历史背景、发展历程和独特之处。这不仅有助于他们全面把握主题,还能提升他们的信息搜集和分析能力。在此基础上,学生需要用英语撰写演讲稿,这一过程将帮助他们熟悉与岭南文化相关的专业词汇和表达方式,为演讲提供扎实的语言基础。

在演讲比赛中,学生有机会展示自己的研究成果和对岭南文化的理解。通过与其他同学的演讲比较,他们可以汲取不同的观点和见解,进一步拓宽

自己的知识面。此外，比赛还要求学生在公众面前用英语表达自己的观点，这对他们的口语表达能力和自信心是一次很好的锻炼。学生需要在演讲中表达清晰的论点，结构合理的内容，并与听众进行有效的沟通，这对他们的演讲技巧和逻辑思维能力来说是一次考验。教师在组织岭南文化主题英语演讲比赛时，可以通过设定多样化的评判标准，鼓励学生不仅要关注内容的深度和广度，还要注重演讲的表现力和说服力。评委可以从发音、语调、内容、结构、表现力等方面综合评估学生的表现，并给予有建设性的反馈。通过这种方式，学生不仅能从比赛中获得成就感，还能从评委和其他同学的反馈中找到改进的方向。

(二) 岭南文化元素的英语海报设计比赛

通过岭南文化元素英语海报设计比赛，学生可以在创作和设计的过程中深度了解岭南文化，同时锻炼自己的英语表达能力和创造力。学生需要选择一个与岭南文化相关的主题，如岭南艺术、传统节日、历史名人、饮食文化等。通过对主题的研究，他们可以收集丰富的资料，并深入理解岭南文化的内涵和特点。在这个过程中，学生不仅能够拓宽自己的知识面，还能培养自己的分析和综合能力，为设计海报打下坚实的基础。

在设计海报的过程中，学生需要将所学到的岭南文化知识融入其中，并通过视觉和语言元素进行表达。这一过程考验了学生的创造力和设计能力，他们需要运用色彩、布局、文字等多种设计技巧，将主题鲜明地呈现在海报上。同时，学生还要用英语描述海报上的内容，这对他们的英语表达能力提出了挑战。他们需要在简洁明了的语言中准确传达岭南文化的核心内容。在比赛过程中，学生可以学习如何通过海报的设计和描述来吸引观众的注意力，并有效传递信息。这种视觉和语言的结合有助于培养他们的沟通能力和艺术审美。通过展示自己的作品，学生可以从其他参赛者和评委那里获得反馈，发现自己的优势和不足，从而进一步提高自己的设计和表达能力。

比赛结束后，学生可以通过展示他们的海报作品，与同学和公众分享岭南文化的多样性和独特性。这种展示不仅能增强学生对岭南文化的认同感和自豪感，还能为他们提供一个向外界传播岭南文化的平台。学生的作品不仅展现了他们对岭南文化的理解和欣赏，也反映了他们在英语学习和设计能力方面的进步。

(三) 参观岭南文化景点并进行英语导游实践

参观岭南文化景点并进行英语导游实践是将岭南文化与英语教学结合的重要方式。通过英语导游实践，学生有机会锻炼自己的英语口语表达能力，并将理论知识应用于实际情境中。在参观活动开始之前，教师可以为学生提供相关的背景知识和参观路线，让他们对即将参观的景点有一定的了解。学生可以事先准备好有关景点的英文导游词，了解其中的历史、艺术、建筑等方面的内容，并组织好自己的讲解流程。在这个准备过程中，学生需要查找相关资料，并对信息进行筛选和整理，这有助于培养他们的信息搜集和组织能力。在参观过程中，学生可以轮流进行英语导游实践，为同学们讲解景点的历史和文化背景。这种真实场景下的讲解练习，有助于提高学生的英语口语表达能力和临场应对能力。学生需要运用准确的语言和清晰的表达方式，传递岭南文化的丰富内涵。同时，他们还可以通过回答同学们的提问，进一步加深对岭南文化的理解，并提高自己的即兴表达和沟通技巧。在参观岭南文化景点并进行英语导游实践中，学生可以轮流担任导游，为同学们讲解景点的历史和文化背景。

下面以岭南印象园（Lingnan Impression Park）参观讲解为例。

学生导游 A: "Hello everyone, welcome to Lingnan Impression Park! I will be your guide for today.Lingnan Impression Park is a unique cultural attraction that showcases the rich heritage and traditional arts of the Lingnan region. This park is designed to provide visitors with an immersive experience of Lingnan culture through its architecture, performances, and exhibitions（大家好，欢迎来到岭南印象公园！今天我是你们的导游。岭南印象公园是一个独特的文化景点，展示岭南地区丰富的遗产和传统艺术。该公园旨在通过其建筑、表演和展览为游客提供沉浸式的岭南文化体验。）"

学生导游 B: "Lingnan, which means 'south of the mountains' is a region in southern China known for its distinct cultural identity.The history of Lingnan can be traced back over two thousand years, and it has been influenced by various dynasties and cultures throughout the centuries.（岭南，意为'山之南'，这

是中国南方一个以独特文化特色而闻名的地区。岭南的历史可以追溯到两千多年前，几百年来，它在不同朝代和文化的交汇影响下，形成了自己独特的风貌。）"

学生导游 C："As we walk through the park, you will notice the traditional Lingnan architectural style.This includes features such as Pai Fang（archway）and Lingnan-style courtyards.The buildings here are designed with wide eaves and intricate carvings that reflect the region's artistic craftsmanship.(当我们穿过公园时，你会注意到传统的岭南建筑风格，包括牌坊和岭南风格的庭院等特征。这里的建筑设计有宽阔的屋檐和复杂的雕刻，反映了该地区的艺术工艺。）"

学生导游 D："One of the highlights of the park is the traditional performances. Here, you can watch Cantonese opera, which is a significant part of Lingnan cultural heritage.Cantonese opera is known for its elaborate costumes, distinctive music, and dramatic storytelling. (公园的亮点之一是传统表演。在这里你可以观看粤剧，这是岭南文化遗产的重要组成部分。粤剧以其精致的服装、独特的音乐和戏剧性的故事情节而闻名。）"

在参观结束后，学生可以通过小组讨论和分享环节，总结自己的参观体验和学习收获。学生可以分享他们在参观过程中记录的相关信息，并讨论自己对岭南文化的感受和理解。这种交流有助于学生相互学习和启发，使他们在文化和语言方面都有所提升。通过以上活动的实施，学生可以在英语学习的同时，深入了解岭南文化的内涵和特色。这种将岭南文化与英语教学相结合的方式，不仅能够激发学生的学习兴趣，还能培养他们对本土文化的认同感和自豪感。

结束语

随着全球化的不断推进,跨文化交流日益频繁,外语教学与区域文化的结合将变得愈加重要。本书全面梳理了外语教学与岭南文化之间的紧密联系,探讨了如何在外语教学中有效地融入岭南文化的具体方法。通过理论与实践相结合的研究,揭示岭南文化在外语教学中的资源开发与价值功能,为教师提供丰富的教学素材和新颖的教学策略。外语教学与岭南文化的融合不仅有助于学生对目标语言的深入理解和掌握,也能使学生更好地了解和认知岭南文化,培养其对多元文化的尊重与理解。通过这种积极的融合,外语教学将不仅仅是语言技能的传授,更是对文化认知和交流能力的培养,从而为学生的综合素质提升和全球视野拓展奠定坚实的基础。

参考文献

[1] 陈忠烈. 岭南民俗文化 [M]. 广州：广东人民出版社，2023.

[2] 方静，王瑞琪，冯凌云. 外语教学与模式研究 [M]. 长春：吉林人民出版社，2021.

[3] 郭卫宏，窦建奇. 传承岭南文化的绿色建筑关键技术与方法 [M]. 广州：华南理工大学出版社，2021.

[4] 李权时，李昊. 岭南文化概述 [M]. 广州：广东人民出版社，2023.

[5] 刘莉. 外语教学与语言文化 [M]. 北京：九州出版社，2017.

[6] 王伟，左国念，何霜，等. 应用语言学导论 [M]. 武汉：中国地质大学出版社，2012.

[7] 曹冬栋. 历史记忆与文化认同——近十五年粤剧电影岭南文化特质研究 [J]. 电影文学，2023（13）：135-138.

[8] 胡蓉蓉. 岭南建筑文化元素在箱包设计中的应用 [J]. 中国皮革，2023，52（7）：102-105，109.

[9] 李宗桂. 岭南文化的现代性阐扬——以广东为例 [J]. 学术研究，2022（6）：36-47.

[10] 梁海英，韩宝成. 整体外语教学中的意义理解活动及实施建议 [J]. 课程·教材·教法，2022，42（5）：95-102.

[11] 梁明捷，李萌. 岭南与北方、江南园林理水文化对比研究 [J]. 湘潭大学学报：哲学社会科学版，2020，44（1）：191-193.

[12] 刘仲阳. 外语教学融入中华文化提升学生就业能力研究 [J]. 辽宁高职学报，2022，24（7）：90-93.

[13] 梅翠平，段国祥. 基于混合式教学的地域文化教育创新途径——以英语专业跨课程的岭南文化教育为例 [J]. 中国电化教育，2021（10）：120-125.

[14] 潘文国. 外语教学与中国语言文化的学习 [J]. 外语教学与研究，

2021，53(6)：854-863.

[15] 裴希山.中华文化融入外语教学研究的进展与趋势——基于CiteSpace的可视化分析[J].山东外语教学，2021，42(3)：63-75.

[16] 邱志华.岭南文化瑰宝：粤剧[J].早期教育，2023(34)：52.

[17] 宋媛媛，黄乐儿，张紫仪.用外语讲好中国故事——岭南文化对外传播途径及策略[J].广东教育：高校思想教育探索，2021(12)：106-111.

[18] 谭静.岭南文化融入广东省应用型高校英语专业"中国文化"课程的教学机制研究[J].湖北开放职业学院学报，2020，33(8)：155-158.

[19] 王艳.中国文化融入《日语视听说》教学实践研究[J].实验室研究与探索，2023，42(6)：243-247.

[20] 王智玲，谷萍.文化差异对跨文化外语教学的启示[J].外国语文：四川外语学院学报，2013，29(2)：151-153.

[21] 吴哲妮.广东粤语发展及岭南文化的传承保护策略探究[J].文教资料，2016(31)：61-62.

[22] 冼剑雄，于海翔.岭南建筑文化传承的新实践[J].南方建筑，2023(11)：89-96.

[23] 杨荣，龙其林.全球化语境下岭南文化的处境、机遇与应对策略[J].广西社会科学，2022(2)：141-148.

[24] 叶金宝，左鹏军，崔承君.关于岭南文化的整体性认知——《岭南文化辞典》编纂的若干思考[J].学术研究，2023(3)：1-10.

[25] 赵荣.正视外语教学中的母语迁移[J].教学研究，2017，40(1)：72-75.

[26] 郑健，张婷，李久芬.不同地域文化传统节庆民俗体育的对比研究——以岭南文化和齐鲁文化为例[J].广州体育学院学报，2020，40(1)：79-81.

[27] 仲伟合，左岩.岭南文化精品外译[J].学术研究，2015(4)：154-156，158.